JN125569

1日で1000万円

売り上げる

クラファン物販
の教科書

大竹秀明

はじめに

　数ある書籍の中から、本書を手に取っていただき、誠にありがとうございます。この本は、もしかしたら衝撃的すぎる内容かもしません。なにせ"1日で1000万円を売り上げる"という大胆不敵な表題です。

「なんと大袈裟な！」
「誇大表現だ！　けしからん！」
「こいつは一体何者だ！」

　という、お叱りの声が聞こえてきそうですが、どうか落ち着いて読み進めてください。どなたにでも理解できるよう「新しい時代のモノの売り方」をお伝えしていきます。

　この本は、**あなたが全くゼロの状態から、ネットで素晴らしい商品を発掘して独占販売権（あなただけが販売できる権利）をもらい、在庫を持たずに先に販売をして、売れたお金で仕入れをして、お客様から応援されながらファンになっていただき、継続的に安定した物販ビジネスを構築できる**という、ちょっと眉唾物の内容になっています。

　もはや書いている著者本人でさえ

「都合のいいことばかりじゃないか？」
「これは夢物語なのではないか？」

　という不安に襲われそうになってしまいますが、いやいや、本当にそういった内容なのです。

　それを実証する事例があります。ドイツのWALDHOFF（ヴァルドホフ）というブランドの腕時計を、現在、私の会社が日本での独占販売権を得て販売しています。

2023年2月18日正午に販売開始

開始5分間で300万円達成

開始1時間で700万円達成

そして……開始23時間で1000万円を達成。

最終的には1か月半の期間で2075万円を販売しました。

こちらがその証拠です。

【ドイツの本格派トゥールビヨン第3弾】秀逸な造形美。機械式腕時計を至高のアートに

https://www.makuake.com/project/waldhoff-japan-03/

　驚くべきなのは、**販売している地点では在庫を持っていない**、ということ。在庫を持たずに先に販売をして、入金されてからメーカーに発注して仕入れて、お客様にお届けをする。

　もちろん事前にメーカーと仕入れ条件など話し合っておく必要がありますが、物販ビジネスに必ず付きまとう「在庫リスク」がないため、大幅にリスクを抑えた形で販売していくことができます。

　これが、この本でお伝えしたい「クラファン物販」という販売手法なのです。

　申し遅れましたが、私は、クラファン物販の第一人者であり、スペシャリストの大竹秀明と申します。

　Makuakeエバンジェリスト（2019年ベスト・エバンジェリスト受

賞）、CAMPFIREキュレーションパートナー（2023年パートナー・アワード受賞）、GREEN FUNDINGパートナーを務めています。

黎明期からこの業界に携わり、自社案件だけでもクラファンで2億円以上、累計22億円/800件以上のクラファン物販プロジェクトに関わってきました。

著書に『クラウドファンディングで資金調達に成功するコレだけ！技』（技術評論社）、日本で初めて"クラファン×輸入ビジネス"のやり方を世の中に公開した『資金ゼロではじめる輸入ビジネス3.0』（フォレスト出版）などがあります。

一般的にクラウドファンディングというと、支援や援助だと思っていらっしゃる方がいるかもしれません。

「何かやりたいことがないといけないのでは？」
「フォロワーがいないけどどうやってお金を集めるの？」

という疑問が浮かぶ方も多いでしょう。

クラウドファンディングは、2011年に日本に上陸してから10年以上の時を経て独自の進化を遂げ、いまや一種の「ネット通販サイト」とも捉えられています。

Amazonや楽天市場には並ばないような新しくてユニークな商品やサービスが立ち並ぶ通販サイト。これを購入型クラウドファンディングと呼んでいます。

あなたも、もしかしたら一度は購入したことがあるかもしれませんね。

同時に、「クラファンは一時だけ派手に売り上げて後はもう売れない」という認識の方もいらっしゃると思います。

それはクラファン物販を、表面的にしか理解できていないということになります。

クラファン物販の本質とは、単に「無在庫で先行販売ができる」といっ

た点だけでなく、「お客様をどんどん巻き込み、応援されながらファンになっていただき、ブランドを育てていくことができる」というところにあるのです。

事実、前述の腕時計は、クラファン販売でブランド化されつつあり、毎回のプロジェクトで数千万円の売り上げを作ることができています。

第1弾	第2弾	第3弾
初回クラファン 4410万円	初回クラファン 1839万円	初回クラファン 2075万円
おかわりクラファン 3020万円	おかわりクラファン 2509万円	おかわりクラファン 実施予定

そして、まさにこの原稿を書いている2023年10月30日まで販売していた第4弾では1400万円の売り上げを立てました。

ざっと、クラファン販売だけでも2億円程度の売上になります。
そうして今後も第5弾、第6弾と発表していくたびに、ブランドが強化されていき、ファンが増えて、安定した売上を積み上げていくことができるでしょう。
これがクラファン物販の本当の魅力です。決して、一過性の打ち上げ花火ではないのです。

そしてこれは、私だけができているわけではなく

・20代の会社員が副業で1000万円以上を販売して念願の独立を果たす
・30代の男性が超音波虫除け器を3300万円販売して自由な生活を手に入れる
・3児の子育て在宅ママがアウトドア用品を累計2000万円販売。家族みんなで楽しくビジネスに取り組む
・専業主婦でありながら韓国の空気清浄機を4400万円販売
・現役を引退していた70代の男性が災害グッズを1000万円販売して再

起業

・看護師が花粉対策グッズを700万円以上販売して独立
・24歳の女性がドイツのおしゃれボトルを1200万円販売。全国有名百貨店での販売や世界的な飲料メーカーとのコラボも実現
・掃除機を5000万円以上売り上げ、家族でオランダに移住を果たす
・1000万円から3000万円プロジェクトを次々と連発。最高8400万円を売り上げる新進気鋭の30代起業家

　などなど、数え切れないほど、年齢やキャリア、資金や語学力も問わず、さまざまな方々がこのやり方で、自分の夢を実現させてきました。
　興味がある方は「セカワク」でググってみてください。私たちの生徒さんの声をたくさん載せたメディアサイトがあります。

https://seka-waku.com/

　一体どんなやり方で商品を発掘してきて、メーカーと交渉して販売権を得てクラファンで販売しているのか？
　そこには緻密に積み上げられた販売戦略があります。

　この本では、その全貌を惜しげもなく解き明かしていくとともに、これまで私たちが累計22億円／800件以上のプロデュースしてきた中から、いくつかの事例を取り上げて詳しく解説していきます。

　第1章では「新時代のモノの売り方　クラファン物販」と題して、改めてクラウドファンディングという仕組みを考えます。
　もともとは海外で生まれたクラファンが、日本でどのようにローカライズされていったのか。我々がクラファン物販で販売する、各プラットフォームの特色についても詳しく解説します。
　それにより、あなたは自分の商品をどのサイトで販売するのがベストなのかが、わかるようになります。

第2章では「クラファン物販では　どんな商品が売れるのか？」という
テーマで、これまで携わってきた膨大なプロジェクトの中から、ごく一部
ですが事例を取り上げて解説していきます。

　これを読んでもらうことで、一体どんな商品が売れているのか、現状把
握ができて、これからどんな商品を扱っていけば良いのかも理解できるで
しょう。

　第3章では「ネットで完結！　難しくない商品の探し方とメーカー交渉」
をお伝えします。自宅にいながらネットだけで、どうやって売れる商品を
探すのか、知識や経験がゼロでも実践できるように丁寧に解説します。

　特に海外メーカーとの関係性作りを学んでいただき、ワクワクする素晴
らしい製品の日本独占販売権を獲得してください。必要なテンプレートも
たくさんお渡ししていきます。

　第4章では「クラファン準備編　売れる販売ページの作り方」と題し
て、これまで1000件近くの販売ページを作ってきて習得した、共感を呼
ぶページ作りのテクニックや構成パターンを公開します。その流れに従っ
て作成していただければ、あなたも立派な売れる販売ページを制作するこ
とができます。

　もちろんデザインが苦手な方は、デザイナーさんに外注してください。
その時の指示書としても活用することができるでしょう。

　第5章は「1000万円超えのためのクラファン物販マーケティング」で
す。この本の核となる、クラファンに特化したマーケティングについてさ
まざまな手法を解説します。

　プロジェクトを成功させるための秘訣とは、一体なにか。そしてプロジ
ェクト期間サイクルと、その時々でやるべきことを詳しく書き記していま
す。資金があれば事前集客もしっかりと行うことで、高額な1000万円超
えに近づくことができます。

　もちろん資金がない人は、ないなりのやり方があります。できることを

やりましょう。

　ここに書いてある全てを実行しようとは思わなくて良いです。もっとも重要なものから取り組めれば十分です。クラファン・マーケティングのバイブルとして、あなたの売上アップに大いに役に立つことでしょう。

　そして第6章は、クラファン後の世界、クラファンをきっかけにして、物販を大きく展開するための戦略を解説します。

　矛盾しているように聞こえるかもしれませんが、クラファン物販は、それ自体がゴールではないのです。あくまでも「0次流通市場」と呼ばれる、導入部のマーケットにすぎません。

　我々商売人にとって重要なのは、ブランドを育てながら継続販売して、安定した収益を得ていくことにあります。商品に合った方法で、販路を拡大していただければと思います。

　そして最終章は「夢を叶えた貿易家たち」をご紹介いたします。

　知識も経験もない、資金も潤沢ではない、まだ何者でもなかった私の生徒さんたちがどのようにして道を切り拓いていったのか。貿易は働き方・生き方であり100人いれば、100通りのストーリーがあります。

　会社員の副業、子育てママ、大学生やフリーター、インフルエンサー、メルカリやAmazon転売などの物販をやっている方、コンサルタントや不動産投資家、トラック・タクシーの運転手、ミュージシャンやアーティスト……ひとりで、夫婦で、家族みんなで行うことができます。

　さまざまなバックグラウンドの方がいらっしゃるので、ご自身の状況と重ね合わせて読み進めていただければ、大きな勇気をもって夢への第一歩を踏み出せるだろうと思います。

　また特に重要な箇所は、YouTubeで学んでいただけるように二次元コードも載せています。さらに「独占販売契約書」「利益計算表」「輸入書類」など、貿易家に必ず必要になる書類などは、10大特典として特別にご用意させていただきました。

最先端のAI時代のひとり貿易ということで、ChatGPTを活用したノウハウも盛り込んでいます。

　これでもう、迷うことはありません。できない言い訳もできません。
　さあ、準備は良いですか？　クラファン物販の旅に出かけましょう！

目次

第1章 > 新時代のモノの売り方 クラファン物販

第2章 > クラファン物販ではどんな商品が売れるのか?

第3章 > ネットで完結! 難しくない商品の探し方とメーカー交渉

第4章 > クラファン準備編 売れる販売ページの作り方

第5章 > 1000万円超えのための クラファン物販マーケティング

第6章 > クラファンをきっかけにして物販を大きく展開するための戦略

第7章 > 夢を叶えた貿易家たち

※本書に記載されている情報は2023年12月時点のものです。サービス内容や法律等は変更になっている場合があります。

第1章

新時代のモノの売り方
クラファン物販

まずは基本。そもそも
クラウドファンディングとは？

☑ 大きな可能性を秘めたプラットフォーム

　クラウドファンディングとは「Makuake」「CAMPFIRE」「GREEN FUNDING」などといったプラットフォームを使った資金調達の手段です。新商品やサービスなどの情報ページを作成し、それを見て共感したサポーターたちが商品やサービスを購入。購入者に対してリターンとしてお礼の品やサービスを提供します。リターンが魅力的であるほど多くのサポートが期待できます。

〈 **クラウドファンディングの仕組み** 〉

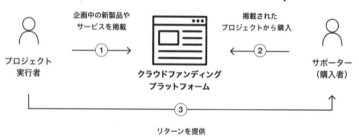

〈 **購入型3大クラウドファンディングプラットフォーム** 〉

☑ 日本に登場して、すでに10年

　クラウドファンディングが日本に登場して、すでに10年以上が経過しました。最初に誕生したのが2011年3月にサービスを開始した「READYFOR」です。東日本大震災の直後ということもあり、被災地の復興に一役買った実績からクラウドファンディングに注目が集まるきっかけになりました。同年CAMPFIREが立ち上がり、その2年後にはMakuakeが誕生しました。

　クラウドファンディングは被災地域の人々や地域社会を支援するために、新たな資金調達の手段としてだけでなく、寄付を集める方法として、また寄付をする場としても急速に浸透しました。

　当初「日本には寄付の文化がないので、クラウドファンディングは根付かない」と軽視されていましたが、あれから10年以上が経ち、それぞれのクラウドファンディングプラットフォームが独自の進化を遂げて、いまや市場規模はどんどん拡大しています。

　一般社団法人日本クラウドファンディング協会の市場調査報告書によると、市場規模は2017年の77億円から2020年には501億円へと急成長してきました。その後、コロナ禍での利用拡大で認知度も増え、現在は安定した成熟期に入ってきていると推測されます。しかし、アメリカでの市場規模に比べると日本は10%程度と言われており、これからさらに発展していくビジネスモデルであるといえます。

〈 クラウドファンディングの市場規模 〉

引用元：一般社団法人 日本クラウドファンディング協会「クラウドファンディング市場調査報告書」（2021年7月9日）
http://safe-crowdfunding.jp/wp-content/uploads/2021/07/CrowdFunding-market-report-20210709.pdf

クラウドファンディングの種類

☑「寄付型」「購入型」「金融型」……タイプはいろいろ

　クラウドファンディングのタイプにはリターンのない「寄付型」、支援するとモノやサービスのリターンがある「購入型」、融資・ファンド・株式など利息や配当が受け取れる「金融型」と種類はさまざまです。

　上記のうち、本書で取り上げるのが購入型です。従来の購入型のクラウドファンディングは「集まった資金で製品を開発して、リターンとして提供する」というものでした。しかし、ここ数年は開発資金を集めるというよりも、先行販売として物販サイト的に販売をするケースが急増しています。

　つまりEC（ネット通販）サイトとしてのクラウドファンディングの使われ方が増えています。この購入型のクラウドファンディングを、本書ではクラウドファンディング物販（以降、クラファン物販）と呼んでいます。

〈 タイプ別クラウドファンディング 〉

☑ All-or-Nothing 型と All-In 型

　クラウドファンディングの特徴として、「All-or-Nothing 型」「All-In型」という2種類の形式があります。

　All-or-Nothing 型（オール・オア・ナッシング）は、「期間内に目標金額を達成すれば支援金を全て受け取り、未達の場合には支援金を受け取れない」というもので、あくまでも「この商品は売れるのか、売れないのか」を確認するテスト販売として活用する場合に向いています。

　例えば、目標金額30万円で設定して未達だった場合、プロジェクトそのものを「なかったこと」にできます。クラウドファンディングを企画した段階で「その商品が支持されるのか？」「需要があるのか？」などが見極められ、リスクを抑えることが可能です。

　もうひとつ、All - In 型（オール・イン）があります。これは目標金額を達成したかどうかに関係なく、クラウドファンディング終了後に集まった分だけ支援金を受け取れる代わりに、1人からでも支援があればリターンを配送する義務があるというものです。すでにプロジェクトの実行が決まっている人や、販売することが決定している商品のプロモーションをしたい人に向いています。

　一見、All-or-Nothing 型のほうが、リスクがなくて良いのですが、実際には購入者側からすると、支援したところでリターンがあるのか確定されていないので支援金が集まりにくいです。従ってクラファン物販では、All-In 型を選択するケースが多いです。メーカーと商品の仕入数（MOQ＝最低発注数）について交渉する際には「クラファンはあくまでもテストマーケティングを目的として実施するので、最低発注数はクラファンで売れた数にしてほしい」などと交渉するようにしましょう。

☑ 主要な購入型クラウドファンディングサイト

　購入型クラウドファンディングの中で、代表的なのはMakuake、CAMPFIRE、GREEN FUNDINGです。それぞれに特徴がありますので詳しく解説していきます。

　加えて同じくCAMPFIREグループの「machi-ya」「BOOSTER」、

GREEN FUNDINGが提携する「kibidango」、日本経済新聞社の「未来ショッピング」、最後に「FIRST STEP」についても解説いたします。

Makuake（マクアケ）

　Makuakeは国内最大手のクラファン型応援購入サイトです。2013年にサイバーエージェント・クラウドファンディングとしてスタートして、2019年には東証マザーズ（現・東証グロース）に上場しました。累計プロジェクト数3万5000件以上、会員数も260万人（2023年9月末時点）と非常に会員数の多いクラファンサイトで多くの支援が期待できます。

　キュレーターと呼ばれるプロジェクト専任担当者が1名ついてプロジェクト全般をサポートしてくれるので、はじめてプロジェクトを実施する方も安心です。物販系のプロジェクトが多く、キュレーターのサポートも手厚いので、特にはじめての方は心強いでしょう。またMakuakeは「アタラシイものや体験の応援購入サービス」と銘打ち、クラウドファンディングの仕組みを利用した応援購入サイトと位置付けています。

　私は2013年頃からお付き合いがあり、2016年よりMakuakeエバンジェリストに任命され、2019年にはベストパートナー賞（ベスト・エバンジェリスト賞）を受賞しています。そういった経緯もあり、本書では便宜上クラウドファンディングのひとつとして取り上げ、ご紹介していきます。

アタラシイものや体験を応援購入しよう。

Makuake　https://www.makuake.com/

Makuake　＼アタラシイものや体験の応援購入サービス／

会社名	株式会社マクアケ
設立	2013年5月1日
代表者	中山亮太郎
親組織	サイバーエージェント
事業内容	アタラシイものや体験の応援購入サービス
ビジョン	生まれるべきものが生まれ 広がるべきものが広がり 残るべきものが残る世界の実現
ミッション	世界をつなぎ、アタラシイを創る
行動指針	私たちにはビジョンがある。 挑戦を愛し、自ら幕を開ける。 技術に寄り添い、社会に価値を届ける。 理解することをあきらめない。 360°の成功にこだわる。 ワンチームなプロ集団。 崇高をめざそう。

CAMPFIRE（キャンプファイヤー）

　国内最大級のクラウドファンディングサイトで圧倒的な知名度があり、累計プロジェクト数7万4000件以上、会員数も330万人（2022年7月時点）と国内最大規模なのがCAMPFIREです。さらにmachi-yaやBOOSTERなどの関連サイトがあるので、多くの支援者を巻き込むことができます。

　手数料も業界平均20％の中で17％と比較的安く、また手数料が最大40％OFFとなるキャンペーンなども不定期で実施しており、積極的なユーザー拡大に繋がっています。

　MakuakeやGREEN FUNDINGに比べるとイベント系に強く、そのため物販系のプロジェクトは比較的印象が弱いかもしれません。しかし、ビックカメラと共同運営の販売支援プログラム「ビックFIRE」を展開するなど、クラファンから販路提供までのサポートがあって心強いです。私は、CAMPFIREキュレーション・パートナーも務めています。

の手作り熟成イベ

出版で魅力を伝えたい！パラグアイの伝統手芸「ニャンドゥティ」を日本から世界へ

現在 1,107,000円 支援者 126人 残り 43日

パチンコ・パチスロライター【ジマーK】新宿に皆が集えるBARをOPENさせたい！

現在 1,524,000円 支援者 46人 残り 26日

CAMPFIRE https://camp-fire.jp/

CAMPFIRE   ＼ No.1 クラウドファンディング ／

会社名	株式会社CAMPFIRE
設立	2011年01月14日
事業内容	クラウドファンディング事業
代表者	家入 一真
ミッション	一人でも多く一円でも多く、 想いとお金がめぐる世界をつくる。
3つの合言葉	変化をもたらそう みんなで成功に向き合おう 火力マックス！！！
行動指針 （バリュー）	大企業病になることが最大のリスクである 傍観者であってはならない 小さな火を大事にしよう 人に優しくあろう どんどん失敗しよう 相手を信頼して任せよう 言葉を大事にしよう 常に問い続けよう チームで最高のプロダクト・サービスをつくろう 批判を恐れず、世の中をざわつかせよう

GREEN FUNDING

　CCC（TSUTAYA）グループが運営するクラウドファンディングサイトがGREEN FUNDINGです。プロジェクト成功率は業界最高水準の85.8％。1プロジェクトあたりの平均支援額は約316万円と圧倒的な高さ

を誇っています。特にガジェット系に属性が合うユーザーを多く抱えており、蔦屋家電などの実店舗への連携サービスも展開しています。

　ここではじめたプロジェクトは他クラウドファンディングサイトkibidangoなど多数の連携Webメディアに掲載されるため、集客効果が高いです。Makuake同様、物販系のプロジェクトが多く、比較的男性向けの商品が多い印象です。

　ただし2020年4月より、プロジェクトを起案できるのは法人のみで、個人事業主の起案はできなくなりました。私は、GREEN FUNDINGパートナーも務めています。

GREEN FUNDING https://greenfunding.jp/

GREEN FUNDING ＼ 未来を企画するクラウドファンディング ／

会社名	株式会社ワンモア
設立	2011年6月1日
ビジョン	未来を企画する会社
ミッション	誰もが生きていきたい世界をつくる
信条	何よりも命と健康 人と人の縁を仕事に 良心に問う チームワークこそ重んじる 知性を武器にする 生の情報を知る
事業内容	クラウドファンディング事業
代表	沼田健彦
主要株主	カルチュア・コンビニエンス・クラブ株式会社

machi-ya

machi-yaはCAMPFIREグループのひとつで、運営はメディアジーンと新東通信が共同で行っています。CAMPFIREがイベント系のプロジェクトなど幅広く扱っていることに対し、machi-yaはデジタル家電、小物などのガジェット関連のプロジェクトに特化しています。

手数料が25％と他のクラウドファンディングサイトより高めですが、「ギズモード・ジャパン」「ライフハッカー」など有力なWebメディアに掲載され、クラファンユーザーではない客層にもアプローチしていくことができるのが強みと言えるでしょう。

第5章で後述する、おかわりクラファンに最適なのはmachi-yaになります。

machi-ya　https://camp-fire.jp/machi-ya

BOOSTER

BOOSTERはCAMPFIREグループのクラウドファンディングサイトで、パルコが運営しています。渋谷のパルコ1FのBOOSTER STUDIO by CAMPFIREに商品を展示できるのが特徴でした（※2023年1月31日に閉店）。現在はクリエイティブの祭典「NEW ENERGY」と共同でオンライン受注会などを開催しています。

▼ プロダクト
【ビジネスマンの新習慣】履くだけで足が楽に！軽やかな歩行と美しい姿勢にアプローチ

KIZUNA_ap...

現在 **667,440** 円

👤 支援者74人 ｜ ⏱ 残り43日

▼ まちづくり・地域
新所沢PARCO
援学校による...

kibiru AC...

現在 **754,000**

👤 支援者76人 ｜

BOOSTER https://camp-fire.jp/booster-parco

未来ショッピング

　未来ショッピングは、日本経済新聞社が新東通信・Relicの2社と立ち上げたクラウドファンディングサイトです。経済への関心が強い「NIKKEI STYLE」や「日経電子版」の顧客にPRできるのが強みです。法人向けとなっており個人での起案はできません。

通帳も入る大容量！使うだけで仕分け上手になれる長財布。Genio Grande II

集まった金額　達成率
¥336,000　336%

未来ショッピング　https://shopping.nikkei.co.jp/

kibidango

　kibidangoは、成功率80%と高い水準を誇るクラウドファンディングサイトです。手数料も10%と、他のプラットフォームと比べて安いです。GREEN FUNDINGと提携しており、プラットフォームを横断して共同開催できるのが特徴です。

kibidango https://kibidango.com/

FIRST STEP

　FIRST STEPは、スリーウィンが運営するクラウドファンディングサイトです。CAMPFIRE ENjiNEや未来ショッピングにプロジェクトの同時掲載ができ、All Aboutが運営するレコメンドサイト「イチオシ」との掲載連携など、多方面への露出が期待できます。手数料は25%と高めですが、独占販売権なしで起案できるため、おかわりクラファンなどに活用しやすいプラットフォームでしょう。丸投げOKのフルサポートプランもあります。

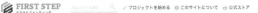

FIRST STEP クラウドファンディング

Unitree PUMP（ユニツリーパンプ）
スマート電動ポケットジム ジムをいつ
でもどこでも

2023年7月22日 20:00 OPEN
あと2日と22時間47分26秒で開始

詳細はこちら

Beauty Japanプロジェクト始動！
人気サインプロジェクトがFIRST STEPに登場！
注目プロジェクトも続々登場中！

FIRST STEP　https://firststep.en-jine.com/

YouTube で学ぶ！

クラファンを徹底比較　Makuake / CAMPFIRE / GREEN FUNDING
https://youtu.be/YVfvQ13w2wA

代表的なECサイトとの比較

かつては寄付のイメージが強かったクラウドファンディングですが、現在は購入型が一般的になりました。もはや「クラウドファンディングはEC（ネット通販）サイトのようなもの」と言われる状況になっていることをお伝えしましたが、クラウドファンディングとECサイトには大きな違いがあります。

❶ 在庫リスク

通常のECサイトの場合、先に在庫を抱えたり、倉庫に納品したりする必要がありますが、クラウドファンディングの場合、サンプル品が1個あれば先に販売することができます。最初に在庫を持つ必要がないのは、クラウドファンディングの大きな強みです。

❷ 購買行動

通常のECサイトは「キーワード検索」や「指名買い」といって、欲しいモノを探してサイト内でキーワード検索し、その中から比較検討して「いいな！」と思うものを買っていくスタイルです。しかし、クラウドファンディングの場合、検索よりも「何か新しくて面白い商品はないか？」と探しに来たり、SNSやメディアなどでたまたま商品を見て、「面白そう！」と興味を持ってページに飛んできて、商品の魅力やストーリーに共感して購入するスタイルが多いです。

❸ 販売期間

通常のECサイトは継続して販売していくことが前提であり、購入者の商品レビューやコメントなどをページに蓄積して信用を積み重ねていきます。しかし、クラウドファンディングは一般消費者のレビューはありません。そして販売期間も1～2か月程度で、期間を絞って売上を作るモデルとなります。

❹ 客層

　購買行動からもわかるように、クラウドファンディングは新しいモノ好きな人が集まる場所です。こうした人たちを「イノベーター」「アーリーアダプター」と呼びます。イノベーターは新しいモノを積極的に購入する好奇心を持った層で、アーリーアダプターは新しいモノを比較的早い段階で購入・利用する層です。どちらも流行に敏感で消費者に大きな影響を与える存在です。

　一方、世の中の大半の人は「アーリーマジョリティ」「レイトマジョリティ」と呼ばれ、「みんなが買っていて、商品レビューが良いから欲しい」「友人に勧められたから買いたい」といった購買行動です。

　この大きく２つに分かれる客層の間には溝があり、これを「キャズム」と言います。アメリカのコンサルタントであるジェフリー・ムーア氏が提唱している考え方で、「新商品が世の中に普及する際に、乗り越えるのが難しい大きくて深い溝がある」を意味します。「クラウドファンディングで売れても、一般販売で売れるとは限らない」と言われるのは、このキャズムがあるからです。

　しかし、利用するユーザーが拡大していく中で、だんだんとキャズムの溝が浅くなってきているのが現状です。

〈 徐々に浅くなっているキャズムの溝 〉

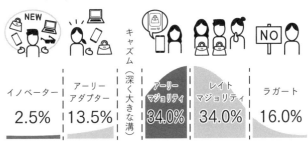

イノベーター	アーリーアダプター	キャズム（深く大きな溝）	アーリーマジョリティ	レイトマジョリティ	ラガート
2.5%	13.5%		34.0%	34.0%	16.0%

☑ 安さではなく「共感」を得る物販ビジネス

クラウドファンディングの大きな特徴として、商品やサービスの価格よりも、いかに、サポーターの共感を得られるかが重要になってくる点が挙げられます。

安さを売りに販売しているわけではないため、優れた商品であれば価格が高めの商品でもクラウドファンディングでは売れていきます。

販売前からSNSなどで、商品の魅力や開発ストーリーを伝え、商品の理念やコンセプトに共感してくれる人をどんどん巻き込んで、プロジェクトを盛り上げていくことができます。そのため、無名のブランドを育てていくのにも、クラウドファンディングは最適です。

〈 重要なのは安さよりも共感 〉

☑ クラウドファンディングのユーザーはどんな人？

サービススタート当初は、男性ユーザーが好みそうなハイテク系ガジェット商品が目立っていましたが、現在では生活家電、雑貨、キッチン用品、ペット用品など、女性ユーザーが好む商品やサービスも多数出品されています。

そのため最近ではユーザーの男性が60%、女性が40%とも言われ、女性のユーザーも飛躍的に増えています。また、ボリュームゾーンは30〜

50代となり、比較的収入に余裕のあるユーザーが多いです。なぜなら、まだ世の中にない新商品を提供するサービスのため、ユーザーが支援してから商品のお届けまで、数か月かかります。つまり今日、明日に必要な生活必需品ではなく、将来的に楽しみたい高級品や特別なアイテムが求められているのです。

　またリピーターが多いのも特徴で、実に70〜80％のユーザーがリピート購入をしています。「次はどんな面白い商品が出ているかな」と、楽しみに買い物に来られるユーザーが多いのが特徴です。

〈 クラウドファンディングのユーザー層 〉

ユーザーの性別比率：
・男性ユーザー：60％
・女性ユーザー：40％

- -

ユーザーの年齢層：
・ボリュームゾーン（主な年齢層）：30〜50代

- -

ユーザーの購買傾向：
・初期：ハイテク系ガジェット商品（男性ユーザー向け）
・現在：上記＋ 生活家電、雑貨、キッチン用品、ペット用品
（女性ユーザー向け）

- -

ユーザーのリピート購入率：
・70〜80％のユーザーがリピート購入

- -

商品の特徴：
・新商品、高級品、特別なアイテム
・配達まで数か月要する

クラファン物販5つのすごいこと

☑ クラファン物販の特徴を知ろう！

　クラウドファンディングのメリットはいろいろありますが、ここでは最低限知っていただきたい、5つの特徴を説明しましょう。

❶ 先行販売（無在庫販売）

　もっとも特徴的なのは、「在庫を持っていない状態でも販売できてしまう」ことです。いわゆる無在庫販売ができるのです。

　通常の物販ビジネスは、先に潤沢な資金を用意して在庫を抱え、それから販売をしてお客様に届ける流れとなります。これがクラウドファンディングでは、先にプロジェクトとして、お客様へ商品を提案して資金を集め（先行販売をして）、そのお金を受け取ってから仕入れることができます。

　販売する前にお金はかかりません。プロジェクトが終了した後に、手数料を引かれた金額が入金される仕組みになっています。

　したがって、手持ち資金が乏しい場合でも、商品サンプルさえあれば、ビジネスを始めることができます。これはとても画期的な仕組みです。

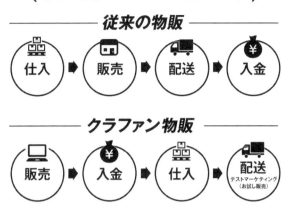

〈 従来の物販とクラファン物販の比較 〉

従来の物販

仕入 ➡ 販売 ➡ 配送 ➡ 入金

クラファン物販

販売 ➡ 入金 ➡ 仕入 ➡ 配送 テストマーケティング（お試し販売）

❷ テスト販売

　これまでの物販では、「売れるかどうかは、実際に販売してみないとわからない」という問題があったのですが、クラウドファンディングで販売することでテスト販売も同時にできます。

　まずクラウドファンディングでテスト販売して、「クラファンで○個以上売れたら本格的な生産に入ろう」という形で一般販売への判断を行うことができます。特に All-or-Nothing 型で起案すれば、全くリスクはありません。

　最近では SONY やキヤノンのような大企業が新商品のデビューの場としてクラウドファンディングの仕組みを活用したテスト販売を実施するケースも増えてきています。

❸ プロモーション

　クラウドファンディングを実施することは、同時にその商品のＰＲにもなります。画期的な商品や注目を集めるプロジェクトが多いため、さまざまなメディアや有名店舗のバイヤーなども注目しており、『おはよう日本』（NHK）、『ヒルナンデス』（日本テレビ系）、『ワールドビジネスサテライ

ト』（テレビ東京系）などの人気テレビ番組に取り上げられることも多々あります。

　実際、私自身や私が主宰する貿易塾の生徒さんたちも、テレビやWebメディアで特集されたり、ビックカメラやハンズ、ロフトといった有名店舗から声がかかったりしています。

　今はネットの時代と言われていますが、それでもテレビでの周知はパワーがありますし、有名な実店舗で販売されることも、また大きなチャンスです。

❹ 実績作り

　クラウドファンディングの成果がそのまま実績につながります。例えば「1000万円の支援を集めました」という場合、のちの一般販売でバイヤーから引き合いの声がかかる可能性も高まります。

　実績によりブランド価値が上がると、コモディティ商品（ありきたりの一般的な商品）ではなく、付加価値の高い商品としてお客様に認知してもらうことができます。

　いわば、すでに実績のある大型ルーキーなので、期待値が高い状態を作ることができます。

　私も、ドイツの高級腕時計で大きな成功を収めています。「はじめに」でも触れたドイツ製本格派トゥールビヨンの腕時計ブランドWALDHOFF（ヴァルドホフ）事例では、最初のプロジェクトでいきなり4414万円もの売上を叩き出しています。

　おかげさまで、この腕時計は徐々にブランドが認知されてきており、新モデルを発表するたびに数百万円～数千万円の売上を作ることができ、クラウドファンディングだけでも累計2億円以上になっています。

　このようにして商品がブランド化されていくことで、安売りして売り飛ばすような薄利多売のビジネスではなく、唯一無二のオンリーワン商品として高利益で販売していけるのです。

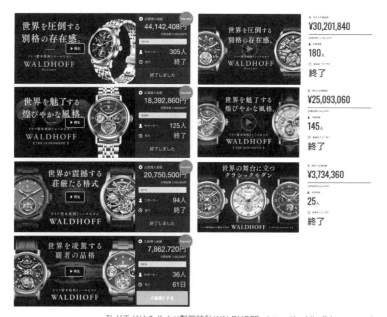

私が手がけるドイツ製腕時計WALDHOFF　https://waldhoff-japan.com/

❺ 在庫リスク軽減

　一般的に商品を生産または発注する場合、前述したようにMOQ（最低発注数）が発生します。しかし、これもクラウドファンディングを活用することでリスクの軽減ができます。

　例えば最低発注数が1000個だった場合、まずクラウドファンディングで販売して700個売れたとすると、実質的な在庫リスクは300個になります。これを「在庫を潰す」という言い方をしますが、こういったことができるのもクラウドファンディングの大きな魅力と言えるでしょう。

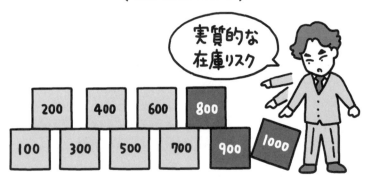

〈 在庫を潰すとは？ 〉

実質的な在庫リスク

　以上、クラファン物販5つのすごいことと題して見てきましたが、あらゆる業界での新しくしてユニークな活用事例も多々見られていて、今後まだまだ発展していくと思われます。

☑ クラファン各社の入金サイクル

　続いて、クラファン各社の入金サイクルについて解説します。

　Makuakeはプロジェクトが終了した月の月末締め、翌々月の第3営業日に売上から手数料を差し引いた金額が入金されます。

　CAMPFIREはプロジェクト終了した月の月末締め、翌月末日の入金です。なお、CAMPFIREでは、振込タイミングを最短4営業日に短縮できる早期振込サービスもあります。早期振込サービスを利用の際は、手数料（20万円未満は1万円＋税、20万円以上は支援総額の5％＋税抜）が別途発生します。

　GREEN FUNDINGは、プロジェクト終了日が月の前半（1〜15日）の場合は翌月15日、月の後半（16〜末日）の場合は翌月末日の入金です。

好きな時間に、好きな場所で
会社員や主婦の副業でも十分できる!?

☑ 一番オススメしたいスタイルは「副業」

クラファン物販は、ネット販売なので店舗などは不要です。パソコンさえあればどこでもできるので、会社員や主婦の方も活躍されています。

副業で行うには、取り組む作業が多いのではないかと心配する人もいますが、現在はインターネットを介して業務を依頼するクラウドソーシングが普及しています。

クラウドソーシングのプラットフォームとして有名なものに「クラウドワークス」「ランサーズ」「シュフティ」「ココナラ」などがあります。

これらのサイトを利用することで手軽に安価に外注できますので、副業でクラファン物販に取り組む人はどんどん活用していきましょう。

☑ まずは1人ではじめて、自分のチームを作ろう

商品リサーチから商品発送まで、クラファン物販で必要な作業は全て外注化できます。具体的な活用例としては、「商品リサーチを1件30円程度でやってもらう」「海外メーカーとのオンライン商談の際は通訳さんに同席してもらう」「販売ページを作ってもらう」「高品質な写真や動画を作ってもらう」「商品の輸入や配送を代行してもらう」などです。

そこまで資金力のない場合、まずは自分自身で作業を行い、軌道に乗ってきたらクラウドソーシングを駆使して、外注化→仕組化して自分のチームを作っていき、最終的には組織化して会社にするのが王道の流れです。

〈 クラファン物販チーム 〉

撮影
リサーチ
通訳翻訳
ページ作成
広告運用
配送

☑ クラファン物販の売れる3要素とは？

　クラファン物販で、特に重視される3つのポイントがあります。それは「新しさとユニークさ」「自己実現」「多様性」です。

　まずは「新しさとユニークさ」ですが、クラウドファンディングや応援購入サイトは新しい商品が出てくる販売プラットフォームです。特にMakuakeは、以下のようにサービスを定義しています。

　Makuakeは、プロジェクト実行者が開発背景などのストーリーとともに発表する新商品や新サービスを、サポーターが応援の気持ちを込めて先行購入することができる、「アタラシイものや体験の応援購入サービス」です。

（同社サービス概要より）

　クラファン物販では、ありきたりなモノは求められていません。ユーザーは3〜6か月待ってでも購入をしてくれます。つまり、それだけ価値があると感じる商品でなければ売れないですし、新しさとユニークさが重視

されることになります。

　次に「自己実現」です。いろいろな意味で意識の高い層は自己実現のためにお金を使います。「共感できる高品質なモノ」を求めているので、情緒的価値やこだわり、世界観のある製品などに注視しています。

　最後に「多様性」です。一昔前の「みんな一緒」から、現代は「それぞれバラバラ」で価値観が多様化している時代です。だからこそ、マスに向けたコモディティ商品ではなく、そのカテゴリーを愛する人がこだわって作った差別化された商品が求められるのです。

　どのカテゴリーにもユーザーが求めるニーズというものがあり、自分の興味があるカテゴリーを扱うことに意味が出てくるのです。

⟨ クラファン物販の売れる3要素 ⟩

　それでは、この3要素を満たしている商品は、一体どこで探すのが良いのでしょうか？

　これこそ私が教えている「貿易ビジネス＝海外商品」ということになります。

　世界には、日本にまだ入ってきていない商品がごまんとあります。

　アメリカやヨーロッパ、そして中国などのアジアから、いくらでも価値の高い商品を発掘してくることができます。

　クラファン物販と海外商品の相性が良いというのは、こういった理由からなのです。

世界には新しくて
ワクワクするモノがいっぱいある

☑ ユニークな雑貨や最新ガジェット

　日本で暮らしているとなんでもあると思いがちですが、とんでもありません。世界は果てしなく広く、国境をまたぐだけでも文化や価値観は異なります。今こうしている間にも、続々と新しいアイデアや新製品が生まれています。

　例えば、ヨーロッパの伝統的な文化から生まれた、オシャレで高品質なキッチン雑貨。また、アメリカのクラウドファンディングから生まれた最新ガジェット製品。アジア（主に中国）では、どんな製品でも日本と比較にならないほど安価で作ることができます。

　そしてもっとも重要なのが、海外の製品は、**日本に入ってきていなければ「新製品」扱いになるということ。**仮に10年前に海外で発売されたものでも「日本未上陸品」となるのです。このことが意味するのは、商品はいくらでもあるということなのです。

　私の生徒さんの事例でも、全くの初心者が副業からはじめて、たった1〜2か月で1000万円以上を売り上げたり、一度のプロジェクトで5000万円以上を叩き出した事例が多々あります。これはAmazonや楽天市場などで販売をしても、なかなか達成できるものではありません。

　たとえ個人の副業や小さな会社でも、これからお伝えする「売れる商品の探し方」や「海外メーカーとの交渉方法」をマスターすれば、ユニークな海外製品の独占販売権を獲得することができます。まさに現代の宝探しさながらでしょう。

〈 世界には魅力的な商品が溢れている 〉

新製品は
世界中にある!!

ヨーロッパの雑貨やキッチン用品、アメリカの最新ガジェット、中国のいろいろな製品

在宅で世界とつながり ビジネスをする。それが貿易家

☑ 個人でも貿易ビジネスができる！

　貿易家とは、個人で貿易ビジネスを行う人のこと。一昔前なら輸入商社のような会社組織でなければできなかったビジネスが、今は潤沢な資金やコネや語学力がない個人でもリスクを最大限に抑えたチャレンジができる時代になりました。

　私が指導してきた貿易家たちは……

・まだ何者でもない人が一夜にして海外の素晴らしい製品を日本で独占販売する権利を獲得したり
・潤沢な資金力がない人がクラウドファンディングで、無在庫販売をして数百万円～数千万円の売上を作ったり
・ビジネス未経験者が、クラファン物販をきっかけにいきなりテレビ番組やメディアに取り上げられたり
・何のコネもなかった人が、全国の有名百貨店や量販店と取引をして、店舗に自分の商品が並んだり

など、夢のようなことを成し遂げています。

　この、貿易家が行うビジネスのやり方を「ひとり貿易」と呼んでいます。
　私は、貿易家とは「働き方」のみならず「生き方」だと考えています。なぜならば、貿易家の働き方というのは年齢・性別・学歴・キャリア・資金力・語学力を問わないからです。
　大学生から会社員、主婦や定年退職後の人、海外在住の人もいて、職業や住む場所さえも問いません。とにかくユニークで面白い商品を発掘してくれば、一発逆転も十分に起こりうる可能性に満ち溢れたビジネスです。

もちろん、これまでのキャリアを活かした専門的な領域で商品を発掘してきて売上を叩き出す人もいますし、語学が堪能な人であれば、海外ビジネスは格別に楽しいものになるでしょう。能力や資金力のある人が有利になるのは当然です。

　しかし大切なのは「何もない人でも、何もないなりにやりあえる」ということです。ネット環境さえあれば好きな時間に好きな場所で、世界中のメーカーとつながっていくことができます。語学が苦手でもＡＩ翻訳でネイティブさながらの英語が使え、超格安で優秀な通訳さんに依頼することも簡単にできます。

　そして、なんと言っても資金がなくてもクラファンを活用すれば先に販売して、売れたお金で仕入れをすることができるのです。とても画期的で、かつ理に適ったビジネスモデルだと思っています。

☑ ひとり貿易とは？

　それでは、ひとり貿易のビジネスモデルについて、さらに解説していきます。

　ひとり貿易とは、文字通り「ひとり」でできる「貿易ビジネス」の意味です。言い方を変えると「クラファンを活用してリスクを最大限に抑えた、新時代の個人貿易ビジネス」と言えます。メリットはさまざまですが、ここでは重要なポイントをお伝えします。

❶ 優れた製品を独占販売するストック型ビジネス

　世界には日本未上陸の優れた製品がたくさんあります。それらをあなたのセンスで見つけてきて、日本に紹介して広めていくビジネスモデルです。重要なのは「独占販売」ができること。競合が不在なので単純な価格競争になりにくく、また日本での販売価格を決めることができるので、しっかりと利益を確保した物販ビジネスになります。

　そしてメーカーと二人三脚でブランドを育てていくため、単発のフロービジネスではなく「ストック型のビジネス」を構築できます。

❷ 社会的な信用度や価値が高い

　貿易は、世界と日本をつなぐ「架け橋」のようなビジネス。日本にはない新しい価値を提供します。お客様からも「こんな素敵な商品があるんだ!」と本当に感謝していただけて、やりがいもあります。社会的な信用度が高いのも特徴で、物販ビジネスなので補助金や助成金の受給対象にもなり、銀行からの融資など資金調達もしやすいです。

❸ ゼロからはじめて、副収入から年商数十億円の事業まで

　パソコン1台あれば仕事ができるので、時間や場所にとらわれず、世界中を飛び回りながらビジネスを回していくことができます。副業にも向いていますし、独立して起業したり、あるいは本格的な貿易会社にして年商数十億円規模にしていく方もいます。

❹ 英語(外国語)が苦手でもまったく問題なし

　翻訳サイトやAIの進化によって、今や海外とのコミュニケーションは格段に簡単になりました。自宅でメールやSNSを使ってやり取りを行えるだけでなく、オンラインでの商談においても、クラウドソーシングを通じて手頃な価格で通訳サービスを活用することが可能です。

❺ 為替リスクを受けにくい高利益モデル

　貿易ビジネスというと為替変動に大きく左右されそうですが、本質的には影響は大きくないと考えています。なぜならば、商品をメーカーや工場から直接仕入れ、販売価格を自分で決められるからです。通常、代理店ビジネスでは20〜30%の利益が見込め、OEMビジネスではさらに高い50%以上の利益率を期待できます。

　「ひとり貿易」についてより詳しく知りたい方は、ビジネスモデルを詳しく解説している前著『資金ゼロではじめる輸入ビジネス3.0』(フォレスト出版)をご覧ください。

〈 ひとり貿易の概念図 〉

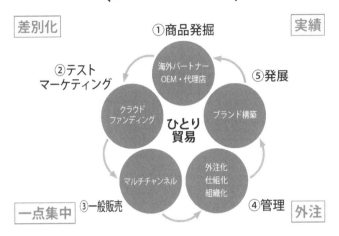

差別化

実績

①商品発掘

②テスト
マーケティング

⑤発展

海外パートナー
OEM・代理店

ブランド構築

クラウド
ファンティング

ひとり
貿易

外注化
仕組化
組織化

マルチチャンネル

一点集中　③一般販売

④管理　外注

YouTube で学ぶ！

新しい輸入貿易「ひとり貿易家」がわかる5つのポイント
https://youtu.be/oDybZkFV-f0?si=dFGCbGdWHfuPhsvJ

ひとり貿易家
になる
5ステップ

第 **2** 章

クラファン物販では
どんな商品が売れるのか？

ズバリ売れているのはこんな商品！

☑ 成功した商品を売上と共に紹介

　第1章では、クラウドファンディングの基礎知識を紹介しました。続いての2章では実際にどんな商品が売れているのか、私の会社や、私が主宰する「ひとり貿易塾」の生徒さんの事例から見てみましょう。

① 手の届く最高峰の腕時計。ドイツの本格派「トゥールビヨン」

　私がクラファン物販を手がけたドイツ製の高級腕時計です。機械式腕時計の最高峰トゥールビヨンの魅力をお手頃な価格で楽しめる一級品。高級スポーツカーを思わせるラグジュアリーなデザインで多くのファンを獲得し、シリーズ累計2億円以上を売り上げました。

② 雰囲気ごと録音！　カード型ボイスレコーダー「Slimca（スリムカ）」

　薄さ2mmのカード型ボイスレコーダー。財布やポケット内で5メートル先までの音声を手軽に録音。アメリカ電子機器展示会「CES 2023」にてイノベーション賞を受賞しました。クラファン物販未経験の「ママ貿易家」がはじめて手がけた製品が、応援購入金額約1000万円を記録するという快挙を達成しました。

③ 茶漉しまで99.7%以上の純チタン「急須＆湯呑み」

　純チタン独特の輝きを楽しみながら、極上のひと時を過ごせる一生モノの急須と湯呑みです。夫や3人の子どもたちと一緒に「家族貿易家」として活動するママWebデザイナーさんが手がけました。有名セレクトショップとのコラボや百貨店でのポップアップイベントでも大きな注目を集めています。

④ 紛失対策バックアップ機能付き「パスワード管理ツール」

　最強のパスワード管理ツールです。ネットワーク不要で個人情報流出や不正ログインを防ぎ、スマホ・タブレット・パソコンなど最大1000個のログイン情報をまとめて管理できます。手がけたのは1年間で10商品以上を手がける「台湾人貿易家」で、日本と母国の架け橋として活動中です。

⑤ 両手が自由になる、身に着ける「ハンズフリー傘ホルダー」

　肩〜脇に掛けて簡単装着パチっと固定するだけで、雨の日でも両手が自由になる"着る"傘ホルダー。雨の日はもちろん、日傘、山登り、撮影、旅、庭仕事にも最適。「母のサステナブルなはたらき方を支援する」を理念とするママ貿易家が、ネットや有名店舗でも販売中です。

⑥ アップルウォッチ対応、カードリーダーなど搭載「超便利充電器」

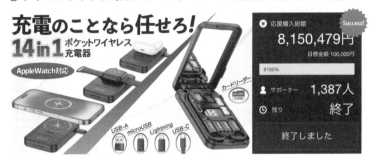

　ポケットサイズの15W急速ワイヤレス充電器。携帯しておくと便利な14のアイテムをコンパクトにまとめた最新ガジェットです。主要な端子、カードリーダー、スマホスタンド、データカード収納、LEDライト、鏡などがひとつになっています。一流の現役プロミュージシャンでもある「なにわの貿易家」が手がけた逸品です。

⑦ 星付きシェフが愛用する ドイツ発「第3の研ぎ器」

　精巧で厳格なモノづくりで知られるドイツが生んだ、砥石でもシャープナーでもないまったく新しい第3の研ぎ器です。半永久的に使えて、あらゆるナイフ・包丁に対応しており、大きく注目を集めています。ドイツ・フランクフルトの国際展示会アンビエンテにて発掘。堀江貴文さんのYouTubeチャンネルで「2021年下半期の7選」にも選出されました。

⑧ スタイリッシュで高性能。手放せない秀逸ボトル「FLSK（フラスク）」

　サスティナブルで高品質な製品ラインナップが特徴で、ヨーロッパで"パーフェクトボトル"と呼ばれるボトルFLSK（フラスク）です。当時24歳の女性貿易家がドイツ展示会で発掘しました。おしゃれボトルの代表格としてネットや全国有名店舗でもヒットし、世界的ブランドとのコラボも実現させました。売上規模は毎年拡大しています。

⑨ 性能向上、範囲拡大でさらに進化「虫が嫌がる光と音を発生するアイテム」

　虫が嫌がる音と光を発射して虫を寄せ付けないアイテムで、殺虫剤や虫よけスプレーと違い、化学成分不使用で安全に使用できる一品です。韓国の国家認証KCマーク取得。「人生を変えたい！」と、熱い想いで輸入ビジネスに挑戦した30代貿易家が発掘し、Makuakeで応援購入総額3300万円以上を集めました。

⑩ 1分で靴の中をキレイに。除湿と脱臭もできる「ボタン式シューズクリーナー」

　帰宅したら靴に入れるだけ、たった1分で自動除菌できるシューズクリーナー。除湿&嫌な臭いも追い出す実用的な商品です。手がけたのは70歳で初のクラファン物販に挑戦して、応援購入総額約700万円を集めた「シニア貿易家」。「定年後のビジネスとしてひとり貿易は最適だ」と語ってくれました。

⑪ ワンクリックで音声翻訳&文字起こし。115言語に対応「AIマウス」

　ワンクリックで文字起こしや翻訳ができるAIライティングマウス。議事録やオフィスワーク効率化などビジネスシーンで大活躍のアイテムです。新進気鋭の20代貿易家がアメリカ展示会「CES 2022」にて発掘したところ、見事に応援購入額1000万円以上の快挙に。現在はネット販売や家電量販店で展開しています。

⑫ パッと開いて、パッとたためる、オランダ発「スマートエコバッグ」

　洗練されたデザイン、カードサイズのコンパクトさ、そして何より3秒で折りたためる機能性が特徴のエコバッグです。デザイン大国オランダで開発されたスマートデザインスタイルで、ドイツ展示会にて30社以上の競合から見事に独占権を獲得。初のMakuakeで2000万円超の売上を達成しました。

⑬ 4K+2.5K 超高画質で夜の運転も安心「ドライブレコーダー」

　超高精細カメラと画像処理技術でフロント4K・リア2.5Kの超高画質を実現したミラー型ドライブレコーダー。夜でも安心な暗視モードも搭載しています。建設会社の社長と、その社員が新たな事業の柱として貿易業を開始し、見事1800万円以上の売上を達成しました。現在はカー用品店で販売中です。

商品探しの前に必要なこと
"お客様が求めているものは何か？"

☑ まずはクラファンサイトを徹底的に調べて情報をインプットしよう！

　商品リサーチの前にやっておくべきことは、各種クラファンサイトの徹底的な調査です。まずは自分が興味あるカテゴリーをとことん掘り下げて調べてみましょう。キッチンにこだわりがあるのならキッチン用品を、キャンプが好きならキャンプ用品を、スポーツ好きならスポーツ用品を掘り下げていくと良いでしょう。

　最初は興味があるカテゴリーで勝負することがとても重要です。なぜなら、感覚的に"目利き"ができるからです。

　どんなカテゴリーでも売れ筋商品というものが必ずあります。「何が売れていて、何が売れてないのか」「何が新しくて、何が新しくないのか」。その情報を自分の頭の中にしっかりインプットしておくことが重要になります。しっかりとインプットしてから海外サイトをリサーチすると「この商品は画期的だ！」「こんな商品は日本にないな」などと、売れそうな商品が見えてきます。

プロジェクト	人気のタグ	すべて見る >	カテゴリー	
全てのプロジェクト	#便利グッズ	#テクノロジー	プロダクト	ゲーム
New!	#レストラン	#日本製	ファッション	演劇・パフォーマンス
もうすぐ終了	#ガジェット	#リュック	フード	お笑い・エンタメ
歴代応援購入ランキング	#映画	#音楽	レストラン・バー	出版・ジャーナリズム
今日のピックアップ	#プロダクト	#アウトドア	テクノロジー	教育
ふるさと納税型	#フード	#子ども	コスメ・ビューティー	スポーツ
	#音楽祭	#文房具	アート・写真	スタートアップ
ストア	#日本酒	#アニメ	映画・映像	地域活性化
	#ファッション	#伝統	アニメ・マンガ	社会貢献
すぐ買える商品	#肉	#腕時計	音楽	世界一周

Makuakeの場合、TOPページ最下部の「人気のタグ」隣の「すべてを見る」をクリック

例えばMakuakeでは、プロジェクトがタグで管理されており、1つの
プロジェクトに対して4〜5つのタグが付けられていることが多いです。

　例えば「キッチングッズ」「調理器具」に興味がある場合は、キッチン
をクリック。「キッチンのプロジェクト一覧」が表示されるので、上から
順に見ていきましょう。特に興味深いものや、売れている商品があればペー
ジをじっくり確認します。

コーヒー本来の味わいを愉しむ。一生モノのチタンフレンチプレスがJSコラ
ボで実現。

#アウトドア　#コーヒー　#キッチン　#便利グッズ　#ジャーナルスタンダード

売れている商品があればページをチェック

　コメント欄を見ると、購入した際のコメントを確認できます。お客様が
「なぜ、この商品を購入してくださったのか」という理由が書いてありま
す。それらを丁寧に拾っていくことで、お客様のニーズが見えてきます。

なぜ過去に売れた商品は
また売れる可能性が高いのか？

☑ 売れた実績のある商品を探す

　こうしてニーズを探ってから海外サイトのリサーチを行っていきますが、なぜ過去に売れた実績のある商品に近いモノを探すと良いのでしょうか。それはクラファン物販の販売期間に関係があります。

　Amazonや楽天市場などのECサイトはずっと継続して販売されていますが、クラファン物販は1〜2か月しか販売しません。

　その販売期間中に、たまたまページを訪問してくれた人が購入してくださっているわけで、短期間でたくさん売れたということは、仮に継続して販売していたら、もっと売れた可能性があったと言えます。多くの取りこぼしがあったと考えて良いわけです。

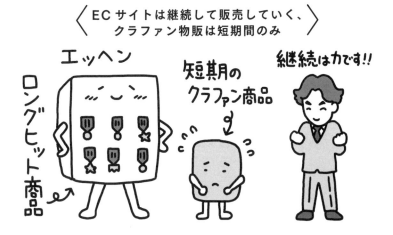

〈 ECサイトは継続して販売していく、
クラファン物販は短期間のみ 〉

エッヘン

短期月の
クラファン商品

継続は力です!!

ロングヒット商品

例えばこの「ハイテク耳かき bebird R1」も私の生徒さんが発掘して販売した商品です。応援購入総額1600万円超えで、サポーターも3600人以上ということで大きなヒット商品になりました。

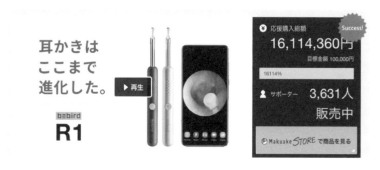

　この生徒さんが、海外サイトをリサーチしていて偶然この商品を見つけた……のではありません。Makuakeをリサーチしているときに、ある商品に目が留まりました。それが300万画素のLEDカメラを搭載したハイテク耳かきです。

　「こんなハイテク商品が存在するんだ！」という衝撃。そして「こんなにたくさん売れているんだ」という事実に気づき、海外サイトをリサーチしていて「R1」に辿り着いた、という経緯になります。

　同じように、次のナイフは私の生徒さんが販売したものですが……。

【片手で面白いくらいによく切
れる】錆びに強くて美しい。一
生使えるダマスカス包丁

🛒 販売中　　⏱ 9,394,520円

3131%

【さらに磨きをかけた切れ味】
力を抜いて美しく切り落とす。日
本×西洋ダマスカス包丁

⏱ 終了　　⏱ 6,105,090円

3052%

ドイツの技術×日本の素材で作る
包丁！67層ダマスカスナイフ

⏱ 終了　　⏱ 5,171,190円

5171%

【気持ちいいほどの切れ味！】
ヨーロッパと日本の技術が融合
した高級ダマスカス包丁

⏱ 終了　　⏱ 7,025,105円

7025%

第二弾【ドイツのデザイン×日本
素材】料理が楽しみになる、67
層ダマスカスナイフ

⏱ 終了　　⏱ 1,176,000円

1176%

【憧れの高級包丁をリーズナブル
に】機能性・デザイン・品質に
優れたダマスカス包丁

🛒 販売中　　⏱ 8,524,540円

8524%

　そのひとつの事例から、続々とヒットが生まれました。

　このように、過去に売れた商品からニーズを探っていくと、お客様が求
めているモノが見えてきます。それがわかってから海外サイトを探しにい
きましょう。ニーズがあるかどうかわからない商品を扱うと、どうしても
「一か八か」「当たるも八卦、当たらぬも八卦」になってしまうので注意が
必要です。

☑ より付加価値の高いモノが◎

もちろん全く同じ商品を探すというのではなく、それを超えるような商品を探します。「より付加価値の高いモノ」を発掘していきます。

具体的には、より高性能・より高機能・より高品質・より便利・より丈夫・より長持ち・より良いデザイン・よりシンプル・より使いやすい・より個性的・より安いなど、購入者にとってプラスアルファな点がある商品です。

ただし、すでにAmazonや楽天市場などで類似品が埋め尽くされているような状況では売れないでしょう。なぜならばクラファンは、新しいモノが販売されている場所だからです。クラファン物販を攻略していくために、ここは意識をしておきたいところです。

☑ オススメ売れ筋カテゴリー

それでは私がオススメする、売れ筋カテゴリーを公開します。これらのカテゴリーは、クラファンの中でも常に賑わっている印象です。

> 「食」→キッチン、料理
>
> 「健康」→トレーニング、スポーツ
>
> 「睡眠」→快眠、リラックス
>
> 「アウトドア」→キャンプ
>
> 「便利グッズ」→PC、ガジェット
>
> 「車」→カー用品、自転車
>
> 「ネタ」→面白いもの

まずは「自分が興味のあるカテゴリー」から探していってください。きっとワクワクするような商品に出合えるでしょう。

世の中のニーズとトレンドの変化

☑ コロナ禍の影響を受けて……

　ここまではクラファンサイトで自分の好きなカテゴリーを掘り下げて調べていくことで、どんな商品を探していくべきかをご紹介しましたが、世の中全体としてのニーズや時代とともに移り変わるトレンドの変化について見ていきたいと思います。

　特に、2020年から世界を覆った新型コロナウイルスの影響は凄まじく、貿易や物販業界のみならず、あらゆる業種や業態を一変させたのは記憶に新しいところです。例えば、コロナ禍で大きなダメージを受けたのはインバウンド業界でした。

　航空業界や宿泊施設への影響はもちろんのこと、物販で順調だった「海外旅行グッズ」などは壊滅状態になり、売上95％減という恐ろしい状況になりました。一方で「マスク」や「除菌系グッズ」が飛ぶように売れ、クラファンでマスク除菌ケースが2億円以上売れたり、マスク単体でも1億3000万円以上売れるプロジェクトがあったりと"コロナ特需"が続きました。

　しかしその後、マスクや除菌系のプロジェクトに対するガイドラインが厳しくなり、表現に制約がかけられ、厳格なエビデンスが求められるようになり、一気に失速していきました。今からマスクや除菌系の商品には手を出さないほうが良いでしょう。このように時代の流れで変わるものがあれば、変わらないものもあります。

　例えば、生活用品、定番商品、季節商品、美容・健康、悩み解決、AV機器、ガジェット、エンタメグッズなどは普遍的なニーズがあり、コロナ禍の"ソーシャルディスタンス"が生み出した「リモートワーク」で在宅時間を便利で豊かにするものや、アウトドア・スポーツ・自転車用品などは、今後も伸び続けていくでしょう。

☑ さらに進化するトレンド

そして昨今のAIの発展とともに、さらにトレンドが進化していくものと思われます。こうした世の中のニーズとトレンドの変化にも目を向けておきましょう。

〈 コロナによるトレンドの変化 〉

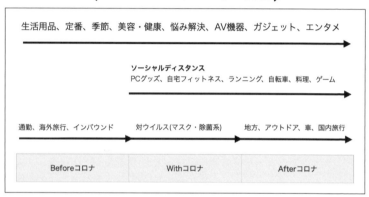

トレンドセンスを磨くオススメの方法は、やはりメディアです。代表的なのは『日経トレンディ』（日経BP社）『DIME』（小学館）『monoマガジン』（ワールドフォトプレス）などの雑誌や、「bouncy（バウンシー）」「GIZMODO（ギズモード）」「lifehacker（ライフハッカー）」などのWebメディアで、大きな時流を把握できます。

\ 第**3**章 /

- - - - - - - - - - - - - - - - - - -

ネットで完結！
難しくない商品の探し方と
メーカー交渉

メールやオンライン商談など
在宅で完結できる貿易ビジネス

☑ 好きな時間に好きな場所で

いまや貿易ビジネスもネットで完結できる時代になりました。これはコロナの影響が大きく、世界的にもリモートワーク化が加速したことに起因しています。

私たちもコロナ禍以降、海外メーカーとの交渉はZOOMなどでできるようになりました。海外メーカーもすっかり慣れたもので、日本との時差を調節しながら画面越しに顔を合わせて条件などを話し合い、独占販売権を獲得することができています。

むしろ今となっては、ネットだけで商談ができるのは非常に効率が良いと感じています。ネットの良いところは、時間と場所を選ばないことです。好きな時間に好きな場所で仕事ができるのです。

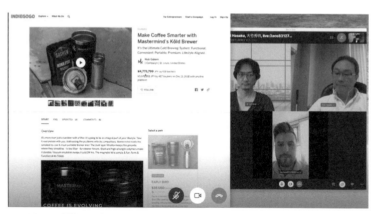

オンライン商談のひとコマ。ネットでお互いに顔を見合わせながら商談ができる時代になった

☑ クラファン物販のために準備すること

　必要なものはパソコン１台。画像や動画などをご自身で制作しないのであれば、メールやZOOMが普通にできる程度のスペックで十分です。

　ただ、できれば「ドメイン取得」と「コーポレートサイト制作」を行いましょう。オンラインになればなるほど、相手側から信頼を勝ちとるためには、こちらが何者なのかを伝えなければなりません。その手段として「ドメインメール」と「コーポレートサイト」が重視されます。あるかないかで信頼度が変わり、メール営業の返信率が大きく変わります。まずはペライチやWixなどで簡単に作り、徐々にWordPressなどで本格的なページ作成へとステップアップしていきましょう。

〈 用意するものはパソコン１台でOK 〉

【コーポレートサイトに書く項目】

・会社名または屋号

・設立年月日

・事業内容

・理念

・代表者の名前、所在地

・代表者のプロフィール（できれば顔写真あり）

・メールアドレス（問い合わせフォーム）

・SNSのアカウント

・（経験者であれば）事業実績

　ちなみにコーポレートサイトの内容は、話題の生成AI（ジェネレーティブAI）ChatGPTを活用すると一瞬で作ることができます。特典では「ChatGPTを活用して20分でコーポレートサイトを作る！」を用意していますので、ぜひ活用してください。

 巻末特典 「ChatGPTを活用して20分でコーポレートサイトを作る！」

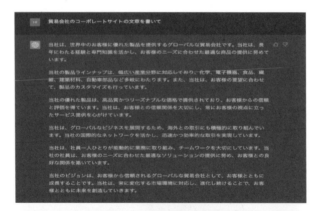

日本にはまだない
売れる海外商品の探し方

☑ オススメの海外サイト7つのタイプ

　これまで国内クラファンサイトやAmazon、楽天市場などで「どんな商品が売れているのか」ニーズを探りました。ここからは具体的にどの海外サイトで商品を探していけば良いのかをお伝えします。

〈 ひとり貿易は現代の宝探し 〉

ひとり貿易は現代の宝探し！ 世界中のサイトを探しに行こう！

① 米国のクラウドファンディングサイト

　まずは、アメリカのクラウドファンディング「Kickstarter」「Indiegogo」です。革新的でユニークな商品が多く、もっともクラファン物販と相性が良いです。

　また、プロジェクトを実施している海外メーカーもスタートアップが多く、会社の規模感も大きくないため、私たちも話がしやすい利点があります。

　さらにクラウドファンディングで資金を集めて製品化をしているので、その素晴らしさを熟知している場合が多く、日本クラファンでの販売にとても理解があります。私自身や生徒さんたちも、ここから商品を見つけてクラファン物販をやるケースがとても多いです。

Kickstarter https://www.kickstarter.com/

Indiegogo https://www.indiegogo.com/

【Kickstarter や Indiegogo での商品リサーチの手順】

KickstarterやIndiegogoなどの、商品リサーチの方法は「キーワード検索」と「カテゴリーから掘り下げる」です。トップ画面の検索欄に、探している商品のキーワードを入れて検索していきましょう。

さがす　はじめる　　　　　　　　　**KICKSTARTER**　　　　　　検索 Q　ログイン

Kickstarter のキーワード検索

INDIEGOGO　Explore ∨　Our Top 10 Finds　Team Favorites　Q　Start a Campaign　What We Do　Log In　Sign Up

Indiegogo のキーワード検索

ここではKickstarterでキーワード検索から掘り下げていくやり方を見ていきます。

❶ キーワードで検索する

必要に応じて、絞り込み条件を入れて、目的の商品に近づいていきます。ここでは「coffee」で検索をしていきます。

カテゴリーは「テクノロジー」「ガジェット」などがオススメです。

並び順を「人気順」「最新」「終了日」「達成額」「バッカー数」「近辺」
などから変えていきましょう。

❷ 日本で販売されていないかどうか確認する

　気になる商品を見つけました。次にやることは、タイトルの冒頭に書い
てあるメーカー名やブランド名、商品名などをGoogleで検索して、日本
ですでに販売されていないかどうかを確認します。またはGoogleの画像
検索も活用しましょう。

HiBREW G5 Electric Coffee Grinder with 99.8% Powder Rate

❸ メーカーにメール（メッセージ）を送る

　日本ですでにクラウドファンディングを実施していないこと、そして
Amazonや楽天市場などで正規代理店が販売していないことを確認した
ら、メーカーの連絡先を探します。

　もし販売されていたとしても、それが並行輸入品の場合、正規の販売と
はみなされないので、クラファンで販売できる可能性が高いです。

　また、仮に日本に代理店がいたとしても、今回の商品はまだ取り扱って
いない可能性もあります。そうなると今回の商品だけは、あなたが正規代
理店として販売できる可能性が出てきます。海外メーカーに問い合わせし
てみましょう。

HiBREW is dedicated to designing and branding
small household kitchen appliances, particularly
coffee machines.
HiBREW has teamed up with sophisticated
designers, and "Pursue High-Tech Creation" is our
design guideline. Our strong engineering team is a
valuable resource that is able to develop cutting-
edge technology to satisfy the demanding needs
of our customers. We believe that innovation
pushes us one step further and creates value for
our customers, thanks to our 20 years of...

全て表示

このプロジェクトのコラボレーター

BackerSpaces · backerspaces.com
Collaborator

✓ YAU KOI LEE

🔒 最終ログイン 2023年8月28
日

☐ 未接続

🏠 はじめてのプロジェクト · 0
のバッカー

お問い合わせ

クリエーターの欄に書いてある名前をクリックすると、プロフィール欄が表示されます。ここからメーカーの公式サイトへのリンクを探します。

　公式サイトの「Contact US」や「About US」の欄に、メーカーの連絡先メールアドレスやフォームがあります。そこから"日本で販売をさせてほしい"という旨のメールを送っていくことになります。

　公式サイトが見つからなかったり、よくわからなかったりした場合は、プラットフォーム（Kickstarter）経由でメッセージを送っても大丈夫です。ただ送りすぎると直接取引とみなされて注意を受ける可能性があるので気をつけましょう。

　またはSNSなどでメーカーのアカウントを探して、そこからアピールしていっても全く問題ありません。どんどんアプローチしていきましょう。

　ここでひとつポイントですが、海外クラファンサイトで商品リサーチを行う場合、配送が完了しているかどうかを必ず確認してください。特にMakuakeの活用を検討している場合、Makuakeは掲載前に数段階の審査があり、海外での配送が完了していないと審査を通過できないことに注意が必要です。

　「アップデート」や「コメント」欄から、配送が完了しているかを探ります。メーカーに直接聞いても問題はありません。

具体的にどのように海外メーカーと連絡を進めていくのかは、この後で解説していきます。

② 他の国のクラウドファンディングサイト

　次にアジアのクラウドファンディングサイトを紹介します。台湾「zeczec（嘖嘖）」「Webay（挖貝）」「flying V」、韓国「Wadiz」、中国「造点新貨」「小米有品」などです。特に台湾zeczecはこだわって作り込まれた雑貨が多いので、日本ウケするものも多い印象です。韓国Wadizはおしゃれでデザインの良い製品が多く、中国造点新貨は、革新的で最先端の電子ガジェットや家電製品が多いです。他にもヨーロッパ・ドイツ「Start Next」やオーストラリア「Pozible」などがありますが、これらはまだプロジェクト数も少なく、盛り上がりに欠けている印象です。

zeczec

Wadiz

造点新貨

　私の会社では、世界＆日本のクラファンサイトを分析するツール「**クラ
ウドファンディングラウンジ**」を提供しています。これは、世界＆日本の
クラウドファンディングサイトを横断的にリサーチできたり、カテゴリー
や実施日などの条件付きで検索の絞り込みができたり、データを活用して

クラウドファンディングで売れる商品の分析が効率的になるWebツールです。

　興味がある方は公式サイト・LINEなどからお問い合わせください。

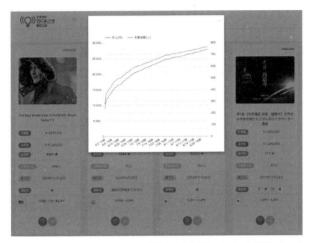

☑ 海外で売れた商品は、日本でも売れるのか？

　海外クラファンで爆発的に売れている商品だからと言って、必ずしも日本で大ヒットするとは限りません。逆に海外クラファンでは全然売れなかった商品が、日本のクラファンでバカ売れするケースもあります。

　なぜならば、日本人と外国人の文化の違いもありますし、販売ページのクオリティやマーケティングのスキルによっても結果は異なるからです。

　むしろ海外クラファンで100万ドル売れたような商品は、日本からのライバルが多すぎて、メーカー側も強気で取引条件を出してくることもあります。

③ 海外 Amazon

　次に世界中のAmazonです。アメリカのAmazon.comやドイツの
Amazon.de、イギリスのAmazon.ukなどがオススメです。特に
Amazon.comにはUnique Finds（※旧Launchpad）というカテゴリ
ーがあり、主にKickstarterやIndiegogoで資金調達して一般販売になっ
たイノベーティブな商品が多いのでチェックしておくと良いでしょう。

　他の国のAmazonでも、基本的には全て英語で検索できますが、各国
の言語に翻訳して検索をすると、現地の言語でなければ表示されない商品
もあり、掘り下げていくとさらにいろいろな商品を発見することができま
す。

　Amazonの良いところは、商品のカスタマーレビューが見られるとこ
ろです。海外Amazonでレビュー平均4以上ならば日本で販売しても問
題はない品質でしょうし、レビューの内容にも目を通しておくと、その商
品の強みと弱みも把握できます。ベストセラーランキングから見ていくの
も良いです。

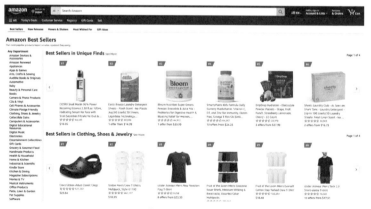

Amazon.com https://www.amazon.com/Best-Sellers/zgbs

Amazon Unique Finds　https://www.amazon.com/b/?ie=UTF8&node=12034488011

　もうひとつAmazonの仕組みとして、商品ページに関連商品がたくさん表示されることです。競合商品も比較されて表示されるので、より深掘りしてニーズを汲んだ商品を探せます。

④ 海外展示会サイト

　続いて、世界中の海外展示会のオフィシャルサイトです。各展示会にはオフィシャルサイトがあり、そこには展示会の開催概要だけでなく、インデックス形式で出展メーカー一覧や、出展商品の一部が登録掲載されています。そこから商品を見てメーカーに直接アプローチができますし、各メーカーのオフィシャルサイトに飛んで連絡を取っていくこともできます。

　展示会に出展しているメーカーは、海外に販路拡大したいと考えている会社が多いので、連絡も取りやすい傾向があります。ただし展示会のサイトはそれぞれ主催の会社が制作しており、共通のフォーマットではないため、商品探しに向いているサイトとわかりにくいサイトがあるので注意が必要です。

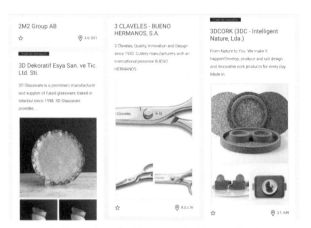

Ambiente   https://ambiente.messefrankfurt.com/frankfurt/en.html

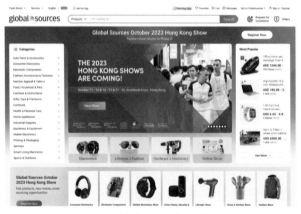

global sources   https://www.globalsources.com/

　世界中の展示会は、日本貿易振興機構「JETRO（ジェトロ）」のサイト「世界の見本市・展示会情報（J-messe）」から探すことができます。自分の扱いたいカテゴリーの展示会サイトを見に行きましょう。

⑤ SNS（Instagram、X（旧Twitter）、Facebook、Pinterest、
　 YouTube など）

　スマホでお手軽リサーチということで、Instagram などのSNSで商品
を探すのも効果的です。メーカーはビジネスアカウントを持っているの
で、どれだけファンがいるブランドなのかわかりますし、レコメンド機能
でどんどん興味がある商品が集まってくるでしょう。Pinterest も、画像
で面白い商品を次々と見ていけるのでオススメです。

　ネットメディアで一番影響力があるのが YouTube です。人気
YouTuber の中には面白い商品をランキング形式で紹介しているインフ
ルエンサーもいるので、そこから商品に出合っていくのも効果的です。

⑥ 国内キュレーションサイト

　新商品の情報を発信している日本のWebメディアをチェックしていく
のもオススメです。「RAKUNEW」「bouncy」「Engadget」などは海
外の新商品をチェックするには最適でしょう。

　ちなみにRAKUNEW は海外クラファンの購入代行サイトですので、
ここに載っているから日本でも販売されているとはみなされません。すで
にクラファンで販売されたものや、日本に代理店がいる場合を除けば、こ
こから情報を掴んで海外メーカーに交渉を進めていき、独占販売権が獲得
できたら掲載を停止してもらいましょう。

・ 国内クラファンサイトの逆引き

　前述したクラファンサイトの事前のリサーチと、ここで挙げたのは意味
が異なります。例えば、一度Makuakeでプロジェクトが実施されたけれ
ど、その後、Amazonなどの EC サイトで販売されていない商品。

　つまり「クラファンで1回だけ販売されて終わった商品」は、開発した
海外メーカーに連絡をしてみると、まだ他に日本で扱っていない商品や他
ブランド、新商品を作っている場合が多々あります。

　そういったメーカーは一度クラファンを経験しているので流れも理解し
ており、かつ日本展開が頓挫してしまっているので、改めてアプローチす

る価値は十分にあるでしょう。

⑦ オリジナル商品を作る

　最後に、オリジナル商品の制作です。まだ世の中にない独自の商品を企画・開発・製造して販売します。これは日本国内でも海外でも生産することが可能です。

　例えば、三条（新潟県）の金物製品や、堺（大阪府）や関（岐阜県）の刃物、鯖江（福井県）の眼鏡フレームなどに代表されるように、日本の精巧な製品は世界的にも評価されています。

　しかし、本書では特に「世界の工場」と称される中国での生産を推奨しています。その理由は「製造コストの安さ」と「インフラの成熟」です。言い換えれば「安くなんでも作れる」というわけです。驚くほど安価であらゆるカテゴリーの商品を生産・調達することが可能です。

　もちろん中国での生産にはデメリットもあります。特に品質管理やコミュニケーション面での課題も多く、労働力コストの上昇や国際政治の変動もあり、最近ではタイやベトナムなどに製造拠点を移す企業も増えています。

　それでも製造コストの安さやアイテムの多様性においては、中国は依然として大きな利点を有していると考えられます。後述するいくつかのポイントに留意することで、中国での生産は非常に有益であると言えるでしょう。

　ここまで7つのタイプでオススメの探し方をお伝えしてきました。探す先はたくさんありますが、すべて在宅でリサーチができます。海外サイトはGoogle 翻訳などを使えば簡単に内容を理解できますので、英語が苦手な人でも十分にワクワクするような素晴らしい商品を探すことができるでしょう。

YouTube で学ぶ！

実録！　クラファンで売れる商品リサーチ方法を解説
https://youtu.be/G8v9Fsh_3P0?si=s7ykfiksDc0cRQMQ

☑ 英語（外国語）が苦手な方へ：海外サイトを日本語表示にする方法

そもそも英語が苦手な人にとっては、海外サイトを見るのもアレルギー症状が発生するかもしれません。そんな人にオススメなのがGoogle Chromeの翻訳ツールです。ウェブページ全体を日本語訳にしてくれますので、最初から切り替えて見ていきましょう。

（Chromeウェブページ翻訳のやりかた）

パソコンでChromeを開き、他の言語で書かれたウェブページにアクセスします。アドレスバーの右に表示されている翻訳マークをクリックして、使用する言語をクリックします。

【オススメの翻訳サイト】

・Google翻訳

https://translate.google.co.jp

　Googleが提供する無料の機械翻訳サービスで、ウェブサイト上やスマホアプリで使用できます。テキスト（5000字以内）、ウェブページ全体、手書き文字、写真、音声などを133の言語に翻訳。文章の言語識別や、入力した文字の音声変換機能もあります。

・DeepL翻訳（ディープエルほんやく）

https://www.deepl.com/ja/translator

　ドイツのケルンに拠点を置くDeepL社が開発・提供している機械翻訳サービスです。高度なAI技術を搭載したツールで、ナチュラルな翻訳を特徴としています。

・Grammarly（グラマリー）

https://grammarly.com/

　AI（人工知能）により英文を校正してくれる添削ツールです。文法、スペルミスの検出やより良い表現の提案などの機能があり、効率良く正確な英文を書けるようになります。

貿易家のビジネスモデル

☑「総代理モデル」と「OEMモデル」

　ここまでは、海外メーカーの日本代理店としての進め方を見てきましたが、貿易家のビジネスモデルには大きく2つ「総代理モデル」と「OEMモデル」があります。

〈 貿易家のビジネスモデル 〉

〈総代理〉	〈OEM〉
ブランドを日本で 独占的に販売する → 利益率20〜30％前後	既製品を オリジナル商品 にして販売する → 利益率50％以上

　総代理モデルというのは、主に欧米ブランドの日本の窓口となって販売していくモデルです。「正規代理店」や「総代理店」と呼ばれます。これは海外メーカーとのパートナーシップビジネスとも言えます。

　商品も「完成しきっている」モノが多いので、日本語ラベルをペタっと貼って販売できるようなイメージです（輸入法規への対応や日本語説明書の準備は必要です）。

　海外ではブランドになっていたり、商品自体も高品質でユニークだったりするものが多いです。高画質な写真素材や動画などの販促物も充実しており、販売ページを作るのも比較的簡単です。

　一方、デメリットとしては、海外メーカーとのパートナーシップビジネスであるがゆえに、自分勝手にいろいろと決めることができないという面があります。契約条件をしっかり定めないといけませんし、特に日本での販売価格は高めに設定せざるを得なくなるケースが多いです。また、商品ありきで販売を進めていくため「プロダクトアウト」として、この商品を

どのように販売していくかという販売戦略を考えていく必要があります。

次にOEMモデルです。こちらは主に中国の工場が生産している既製品にロゴマークを入れたり、一部を変えたりすることで自分のオリジナル商品を作ってメーカーとして販売していくモデルとなります。

仕入価格や製造コストが安いので、利益率が高いビジネスができるのが最大のメリットです。自由度も高く「マーケットイン」として市場が求めているものを積極的に狙って作っていくことができます。

しかし、デメリットとしては、中国の工場とやりとりを進めるので、言語やコミュニケーションの問題、品質管理の問題などがあります。中国のパートナーや代行会社などを挟まないとなかなか困難と言えるでしょう。

しかも、コンセプトメイキングからパッケージのデザイン、写真や動画などの宣材もゼロから用意しなければならないケースが多いです。当然ブランド力も知名度もない状態です。

ということで、どちらも一長一短ではありますが、初心者には総代理モデルをオススメしています。そして代理店としてビジネスを回せるようになってきたらOEMモデルのほうに進み、高い利益率で狙って商品を作っていけるようにステップアップしていくのがベストかと思います。

YouTube で学ぶ！

総代理とOEMの違い。どっちがオススメ？
https://youtu.be/7yB2XoYPEG0?si=Z3prgmKn9CdkmeQc

中国輸入×クラファン物販のやり方

☑ 仕入原価が安くてどんなモノでも作れる

　最近は為替変動の影響や、より積極的に売れ筋商品を狙っていくために、仕入原価が安くてどんなモノでも作れる中国商品をクラウドファンディングで販売するプロジェクトも増えてきました。ここでは中国輸入×クラファン物販のやり方を解説していきます。

　まずは事例から見ていきましょう。

　これは万能ジェルパッドという商品で、四角いジェル状のパッドに粘着力があり、壁などに貼るとその上にペタペタといろいろなものを貼っていける商品です。吸引力が落ちてきたら水で洗えば回復するというものです。

　Makuakeで販売したところ、応援購入総額228万円、サポーター926人とヒット商品になりました。リターン価格は4枚セットで約2000円です。

> **ここで質問！ この商品の商品原価（本体）は いくらでしょうか？**

　それではこの約2000円の商品の、商品原価はいくらになるでしょうか。次ページはAlibaba.comで販売されている類似品になります。

Buy FIXATE GEL PADS Sticky Anti-Slip GEL Pads

300 - 29999 pieces	>= 30000 pieces
$0.45	**$0.12**

Quantity (pieces)	1 - 500	501 - 5000	5001 - 50000	> 50000
Lead time (days)	1	3	5	To be negotiated

　商品原価は2枚入り1セット0.12ドル（～0.45ドル）です。1ドル＝150円だとしても18円です（商品は4枚で1パッケージなので倍の36円）。

　国際送料や輸入税は含まれていないものの、これだけ小さくて軽い製品です。約2000円で販売すれば、十分すぎるほど利益は出ます。この利益率の高さが中国商品の魅力です。

☑ 中国輸入の仕入れサイト

　中国輸入の仕入れサイトは「Alibaba.com」です。中国のサイトでありながら、海外向けのため英語版になっており、現在200を超える国・地域から1億人以上が利用しています。

　上級者にオススメなのは、同じアリババグループの「1688.com」です。違いはAlibaba.comが国際サイトなのに対し、1688.comは中国国内のB to B（国内の業者向けの卸サイト）ということです。

　商品のバリエーションが豊富で、同じ商品であればAlibaba.com よりも安く仕入れができる場合が多いのですが、中国国内向けだけあってサプライヤーもほとんど中国語しか通じません。

　また、中国国内からでないと買付ができないため、貿易会社や代行業者が必要になります。

　なお、一般的な中国輸入物販では、大手ECサイトAliExpressやタオ

バオを使うケースがあります。同じくアリババグループですが
AliExpressはBtoC、タオバオはCtoCと、どちらも対象が個人となるた
め、クラファン物販には向きません。

☑ 中国輸入×クラファン物販の攻略法

　クラファン物販では、日本からAlibaba.comで直接購入できる商品
は、OEM商品だとしてもクラファンサイトの審査に通らない可能性が高
いです。それではどのようにすれば良いのかと言いますと、もっとも良い
のは中国のサプライヤーの代理店という立場になり、独占販売権を獲得す
ることです。

　Alibaba.comに出店している会社はOEM製造向けのサプライヤーが
ほとんどですが、サンプル目的で自社のブランドを持っているケースが多
くあります。そのブランドの日本代理店としてクラファンで販売させてほ

しいと持ちかけます。すると中国商品でも、欧米のブランド商品と同じような流れで輸入代理店としてクラファンサイトで起案することができます。

この場合でも、できるだけMOQ（最低発注数）ゼロ＝クラファンで「売れた数を発注します」という契約内容で締結できるとベストです。

代理店交渉がNGの場合は、OEM・ODM商品として開発・販売していくことになります。この場合は最低発注数が発生することが多いので、無理をしないようにしましょう。

☑ Alibaba.com での商品の探し方

基本は「キーワード検索」です。検索窓に探したい商品のキーワードを入れて表示された一覧からベストな商品を探していきます。

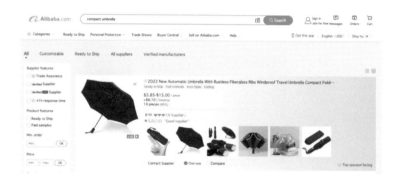

☑ 中国商品は必ずサンプル品を確認しよう

アメリカやヨーロッパの商品とは異なり、中国との取引はサプライヤーから直接仕入れる場合が多いので、契約前には必ずサンプル品を取り寄せて確かめましょう。

中国商品 ＝ 品質が悪いと思っている人も多いですが、実際にはそんなことはありません。しっかり世界へ向けて品質の高い商品を生産しているサプライヤーも多いので、サンプルを確認しながら見極めましょう。RFQ（＝Request For Quotation）機能を使うと、複数のサプライヤー

ます。最初は緊張すると思いますが、実際にやってみると難しいものではありません。海外メーカーの雰囲気もわかり、こちらも安心できます。

「英語が話せないとダメなの？」と不安に思うかもしれませんが、通訳の外注スタッフを間に入れれば大丈夫です。通訳スタッフの費用はさまざまですが、ココナラやクラウドワークス、ロコタビ（旧Traveloco）、あるいはSNSを利用すればすぐに見つけることができます。

商談の予約をする際には、「時差」に注意が必要です。現地時間と日本時間をしっかり把握し、相手の都合がいい時間に合わせることがお互いの理解を深める一歩となります。

私自身もよく生徒さんたちのオンライン商談に同席しますが、欧米のメーカーは朝6～8時などの早い時間帯、アジアのメーカーは13～16時くらいが主な時間帯であることが多いです。

まずはメールから、そして担当者とつながったらアプリやSNSで個人的につながっていきましょう。日本はLINEが主流ですが、欧米圏はWhatsApp、中華圏はWeChatが広く普及しています。FacebookMessengerやLinkedInも良いです。ちなみに韓国はカカオトーク・台湾はWeChatが主流ですが、LINEも普及しているので、LINEでつながれることも多いです。

そしてZOOMやGoogle Meetなどでオンライン対面に持ち込みましょう。最終的に関係性ができてきたら、ぜひ海外渡航してメーカーを訪問しに行ってみてください。世界はどんどん広がっていきます。

〈 コミュニケーションの濃度 〉

メール　アプリ　オンライン対面　リアル対面

に一括で見積もりが出せますので大変効率が良いです。

Alibaba経由で商品代金を支払う場合、「VISA」、「MasterCard」や「JCB」のデビットカードで決済することができ、支払いの安全を確保する保証が付きます。万が一到着した商品に何か問題があれば、到着から30日以内に返金を要求することができますので安心です。

もし海外送金やPayPalなどで直接サプライヤーへ商品代金を支払った場合、Alibabaの貿易保証（Trade Assurance Protection）は適用されませんので、注意が必要です。

Trade Assurance Protection：Alibabaが提供する買い手と売り手間の貿易保証サービス。
Product Quality：商品の品質
On-Time Ship Date：商品が予定日通りに発送
Payment Security：決済保護

☑ どのサプライヤーを選ぶべきなのか？

Alibabaには、Gold Supplier（ゴールドサプライヤー）とVerified Supplier（認証済みサプライヤー）がいます。Verified Supplierとは、第三者機関による認証審査を受けたサプライヤーを指し、信頼性が高いとされています。加えて、ISO規格を取得しているサプライヤーは、国際的に認められた基準に基づいて運営されているため、安全性と品質が徹底されていると考えられます。

例えば、ISO9000は製品が一定の品質を保っていること、ISO14000は環境に良い方法でビジネスをしていることを示します。これらの基準をクリアしているサプライヤーを選べば、より安心で高品質な商品を作れます。

意外とカンタン？
海外メーカーとの交渉

☑ 個人でも独占販売権は取れる

「いち個人が海外メーカーに相手にされるわけがない！」

「実績がない人や会社が独占販売権など取れるはずがない！」

「ひとり貿易？ クラファン物販？ 輸入貿易ビジネスはそんなに簡単じゃない！」

　私が「ひとり貿易」を掲げて早や10年。私の生徒さんは、個人で物販未経験で、副業や主婦でもバンバン海外メーカーから独占販売権を取っています。圧倒的な実績数がそれを証明してくれています。つまり個人では貿易ビジネスができないというのは完全に先入観や思い込みなのです。海外のメーカーから見れば、仮にあなたが個人でも、未経験でも経済大国ジャパンの立派なバイヤーです。自信を持って交渉に挑みましょう。

☑ まずは営業メールからはじまる

　前述したように、海外クラファンサイトや海外Amazonなどで素晴らしい商品を見つけたら、まずはその「商品名」「メーカー名」などを検索して公式サイトを見つけます。その公式サイトの「メールアドレス」や「お問い合わせフォーム」から連絡をしていく……というのが基本になります。連絡先は公式サイトの「Contact us」や「About us」などに書かれているケースが多いので覚えておきましょう。

　どうしても公式サイトが見つからない場合は、SNS経由でも問題ありません。特にLinkedInは世界最大級のビジネス特化型のSNSですので、代表CEOやマーケティング担当者などと直接つながることができます。まずは無料で使えますので登録してみましょう。

　それでも、どうしても連絡先が見つからない場合には、クラファンサイトやAmazonのお問い合わせからメッセージを送っても少量なら問題あ

りません。ですが、直接取引を持ちかけているとみなされるとアカウント停止のリスクも出てくるので、「御社の公式サイトはありますか？」という感じで質問をするように心掛けましょう。Alibabaの場合は、Alibaba内でのチャットやメッセンジャーで連絡をしていけば大丈夫です。

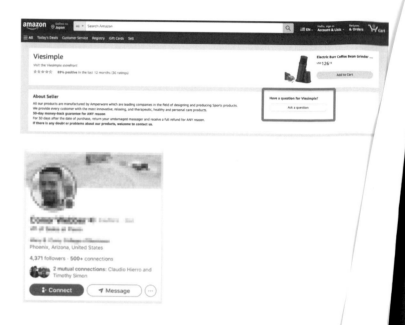

☑ コミュニケーションの濃度

　営業メールからはじまっていきますが、返信が来てやりとり〔していく中で、できるだけオンライン対面で面談できるように話を進〔しょう。

　ビジネスの取引に重要なのは「信用」です。信頼構築には、〔ルよりもオンラインでの"顔見せ"が、より深い絆を築く鍵と〔「日本での販売戦略について直接説明をさせてください！〔SkypeやZOOM、Google Meet、WeChatなどを活用して〔での会話を実現することです。独占販売権を獲得する確率〔

どんな内容のメールを送るのか？

☑ 取り引きしたいと思われる文面

　海外メーカーにメールを送っていきますが、担当者に刺さる文章にするためにはどんな内容にすれば良いのでしょうか。重要なのは海外メーカー担当者に「あなたと取引がしたい！」と思ってもらうこと。ここではポイントを絞って解説します。

【メールの文章を作る時の注意点】

・初回のメールから長々と自己紹介しない
・相手の商品を褒め、日本で展開したいことを伝える
・ダラダラと長いメールにしない。シンプルかつ具体的に
・あまり硬くなりすぎずフレンドリーに

　最初のメールの目的は「返信をもらうこと」です。そもそも読んでもらわないといけないので、件名には相手の商品名などを入れて、相手が自分のことだと思うようなタイトルにするのが大切です。
　そして相手の商品を褒め、日本で販売したいことを伝えます。

【件名の事例】

Regarding the distribution of［商品名］in Japanese market.

Would you like to sell［商品名］to Japan?

Dear［お名前］

【メールの事例】

パターンＡ：クラファンで販売をしたいと持ちかける

To whom it may concern,

My name is [お名前] from [会社名] in Japan.

I am sending this email as we are very interested in your product AAA.

We mainly deal with（ジャンル）products in Japan, sell them online, and wholesale to retail stores.

We are confident that your AAA will be supported by many customers in the Japanese market.

Therefore, firstly could you let us sell AAA at the biggest crowdfunding in Japan, Makuake?

There is a case where similar products had raised ○○○ yen ($××) in the past.

As your AAA is more attractive, we can expect to collect more funds than that.

<URL>

Are you interested in developing the market in Japan?

We would be grateful if you let us know about any terms and conditions relating to any future business.

Thank you in advance for your time and assistance.

I'm looking forward to hearing from you.

Best regards,

Hideaki Otake

CEO YUBIKEN Inc.

Win-aoyama942, 2-2-15, Minamiaoyama

Minato-ku, Tokyo, 107-0062, Japan

Tel (+81) 3-6868-5138

Fax (+81) 3-6893-3931

Email hide@yubi-ken.com

URL http://yubi-ken.com/

ご担当者様

はじめまして。

株式会社ユビケン代表取締役の大竹秀明と申します。

この度は、御社の AAA という商品に興味があり、ご連絡を差し上げました。

私たちは日本で主に（ジャンル）の商材を取り扱っており、インターネットでの販売や、店舗への卸販売を行っております。

御社の AAA は、日本市場でも多くのお客様から支持を頂けると確信しております。

まずは日本最大級のクラウドファンディング Makuake にて販売をさせていただけないでしょうか。

過去に類似商品が○○○円（ XXX ドル ）の支援を集めた事例がございます。

御社の AAA の方が魅力的ですので、より高額な支援が見込めると予想しています。

＜クラファンの URL ＞

日本展開について興味はございますでしょうか。

取引条件なども含めてお知らせいただけますと幸いです。

返信をお待ちしております。

宜しくお願いいたします。

パターン B：手短に商品に興味があると伝える

To whom it may concern,

My name is [お名前] from [会社名] in Japan.

I hope this email finds you well.

Let me start by saying that I am a big fan of your product and admired.

I am reaching out because your product is very innovative and has a lot of potential in Japanese market.

After taking a good look at [kicistarter or Indiegogo]page, I realize that your product should be sold very well in Japanese market. I'd be more than happy to talk about distributing your product in Japanese market.

Would you be available for a quick ZOOM call to discuss how we can work together in Japanese market?

Regards,

ご担当者様

はじめまして。

株式会社ユビケン代表取締役の大竹秀明と申します。

お世話になっております。

まずは私はあなたの製品の大ファンであり敬意を表します。

あなたの製品は非常に革新的であり、日本市場において大きな可能性を秘めているため、ご連絡させていただきました。

[kicistarter または Indiegogo] ページを拝見したところ、あなたの製品は日本市場でも多くのお客様から支持をいただけると確信しております。

あなたの製品を日本市場で販売することについてお話しさせていただきたいです。

どのようにご協力できるかについて、短い ZOOM ミーティングをお願いできませんでしょうか？　よろしくお願いします。

【テンプレートを使う際に重要なこと】

　ここで注意したいのは、テンプレートをそのままコピペして使わないことです。そのまま使うと全く同じ内容のメールが、別の日本人バイヤーから届くことになり、スパムメールのような印象を与えることになってしまいます。信頼を勝ち取るためにも、できるだけ相手のメーカーが関心を持ってくれるような内容にカスタマイズしていく必要があります。

☑ 海外メーカーへの営業メールにはChatGPTを活用しよう！

　ここでAIの登場です。ChatGPTを活用すれば、一瞬であなただけにカスタマイズされたメール文章を作成してくれます。

巻末特典　「ChatGPT 海外メーカー交渉文プロンプト」

☑ 営業メールの返信率はどのぐらい？

　参考までに、こうした営業メールに対しての返信率がどのくらいなのかを紹介します。クラファンサイトに出品しているメーカーへの営業メールの返信率は5～7％で、100通送って5～7通が返信されるイメージです。アリババに出品しているメーカーへの営業メールの返信率は70％で、10通送って7通程度が返信されるイメージとなります。どんどん営業メールを送っていきましょう。

海外メーカーとの交渉で重要なこと

☑ メリットをしっかり伝える

　最初からクラファンの話はしなくても良いですが、なぜクラファンから販売するのか、相手のメリットをしっかり伝えます。海外メーカーにとってのメリットは「商品の認知拡大」と「テスト販売」です。

**　あなたの商品は魅力的で素晴らしいですが、日本ではまだ誰も知りません。そこでプロモーションとテストマーケティングを兼ねてクラウドファンディングを実施したいです。実際にどれだけ売れるかわかりませんし、弊社としても在庫のリスクは避けたいので、まずはクラウドファンディングで売れた数を発注したいです。**

　という感じで交渉していきましょう。海外メーカーは長期的なパートナーを求めているので、ゴールはクラファンではなく、あくまでも継続的に一般販売していきたいことをしっかり伝えましょう。

☑「NOとは言えないオファー」とは？

　こちらは私の長い貿易家活動の中で生み出した最強のオファーです。実際に私だけでなく多くの生徒さんや読者がこのオファーのやり方で独占販売権を獲得してきました。

> ### 【NOとは言えないオファー】
> ・クラウドファンディングでの認知拡大とテスト販売
> ・リアル：有名百貨店・量販店・専門店への営業（BtoB）
> ・ネット：Amazon、楽天市場、自社EC（DtoC）
> ・販路拡大：ギフトショーなど国内展示会への出展（代理店負担）

まずはクラファンで認知拡大とテスト販売をする。そして店舗へ営業活動を行い、ネットでも継続的に販売を行っていく。さらに販路拡大のために日本の国内展示会にこちら負担で出展を検討している、という流れです。

店舗販売もEC販売も押さえてあり、かつギフトショーなどの国内展示会に出展することは販路拡大において非常に強力です。それをこちら負担でやるということですから海外メーカーとしてもこれほど嬉しい提案はありません。販売計画書などを作って一緒に提案をすると更に効果的でしょう。

もちろん、絶対に国内展示会に出展しなければならないというわけではありません（※契約書に記載しない限り）。あくまでも今後の販売計画なので積極的に伝えていきましょう。

変に初心者だからとビクビクしたり、躊躇したりすると「この人に任せて大丈夫かな？」と不安に感じ取られてしまいますので、自信を持って進めましょう。

今は絵に描いた餅かもしれませんが、そのくらいの勢いがないと「あなたと取引がしたい」とは思ってもらえません。

☑ 最後は情熱だ！

海外メーカーとの交渉テクニックをいろいろと書いてきましたが、最終的にビジネスは「人」と「人」です。商品に対する愛情をしっかり伝えましょう。メーカーは自分たちの大切なブランドを大切に拡げてくれる人を求めています。だから商品を褒めましょう。メーカーやブランドの理念に共感を示し、敬意を表しましょう。

例えば事前に相手のHPを読み込んで理念やビジョンを理解しておいたり、あるいはサンプルを取り寄せて商談の際に持ち込んだりしても良いです。商品に惚れ込んでいることを伝えましょう。

これまでも本当に多くの生徒さんが、情熱を伝えることで独占販売権や総代理店の権利を獲得してきました。ライバルがいても最後は熱意の差だったりするものです。あなたが何も持たない個人であれば、なおさら情熱を持って気持ちを伝える以上に何が誇れるのでしょうか。

巻末特典 「メーカー交渉管理表」

YouTube で学ぶ！

海外メーカー交渉の達人が教える、独占販売権を獲得する交渉テクニックとは？

https://youtu.be/KFo_Arw1FuY?si=B46_DUl69VDUOEN5

赤字にならない利益計算のコツ

☑ 価格設定と利益計算

　ビジネスで重要になってくるのは、価格設定と利益計算です。ひとり貿易では販売価格を自分で決めることができますので、赤字にならないようにしっかりと利益を乗せた価格設定を行っていきましょう。

☑ 価格設定の目安は「商品原価×3〜4倍」

　商品原価とは、海外メーカーが提示した商品の卸価格のみです。ここに国際送料や関税消費税などが入ったものを「仕入価格」と呼びます。

仕入価格 ＝（商品原価＋国際送料）× 輸入税（関税・輸入消費税）

　なぜ「商品原価×3〜4倍」で考えると良いのかというと、海外サイトで商品リサーチを行っている際に、販売価格をイメージしやすいからです。

　リサーチの段階ではざっくりとした計算でどんどん見ていきましょう。なぜならば、実際の仕入価格というのは、国際送料は輸送手段や重さ、サイズ、量、時期などの要因で料金が変動し、輸入税も商品カテゴリーで関税率が異なるため、正確な料金を算出するのが困難だからです。

　商品原価×3〜4倍というのは、言い方を変えると「原価率30％」を示しています。この基準を守ることで、クラファン物販でリターン割引を行ったり、広告を出したりしても十分な利益率を確保できるようになります。クラファン販売だけでなく、その後の一般販売でAmazonや実店舗への卸販売でも利益を確保できるでしょう。

　ちなみに販売価格が5万円を超えるような高額商品の場合、利益額が高くなるので必ずしもこの基準で考えなくても大丈夫です。

【利益計算の例】

定価1万円、仕入価格4000円の場合、以下のようになります。

定価＝1万円

クラファン手数料（20％） ＝1万円×0.2＝2000円

国内配送料＝1000円

仕入価格＝4000円

利益＝1万円-2000円-1000円-4000円＝3000円

利益率＝3000円÷1万円×100=30％

☑ **国際送料や国内配送料の目安**

物販ビジネスは、「ボリューム・ディスカウントの原則」が働きます。端的に言えば「たくさん注文すれば、仕入れ単価は安くなる」ということです。これは配送料金も同じことで、「配送量が増えれば、1個あたりの配送料は安くなる」ということになります。

クラファン物販の場合、何個売れるかは、実際に売ってみないとわかりません。では国際送料や国内配送は、一体いくらぐらいで見積もっておけば良いのでしょうか？

【国際送料や国内配送料の目安（※1個あたり）】

国際送料：1000円　／　国内配送料：1000円

関税消費税：（商品原価＋国際送料）の10％（家電）〜 15％（雑貨）

クラファン手数料：20％（Makuakeの場合）

一般的な商品（60〜80サイズ程度）の場合で、国際送料は1000円/個、国内配送料も1000円/個で見積もり計算しましょう。あまりにもサイズや重さが大きくなると基準は変わりますので注意してください。

クラファン手数料は、Makuake20％、CAMPFIRE17％、

GREENFUNDING20%、machi-ya25%となります。

☑ 国際輸送のやり方

　まずは、海外メーカーにそのまま国際輸送を依頼することです。メーカーが契約をしている配送会社に手配をお願いしてもらうのがもっともスムーズなやり方です。

　万が一、メーカーが配送会社と契約をしていない場合は、FedExやDHLといった配送会社または輸送代行業者（フォワーダー）に依頼をします。メーカーのオフィスや倉庫まで商品をピックアップに行ってくれて、ドアtoドアで日本の指定場所まで届けてくれます。

　輸送方法は、飛行機で輸送する「航空便」と、船で輸送する「船便」に分かれます。それぞれメリットとデメリットがありますのでお伝えしておきます。

〈 航空便と船便の比較 〉

	スピード	荷物の量	送料単価	特徴
航空便	速い アジア：3営業日程度	少ない （パレット）	高い	国際輸送会社にお任せ （ドアtoドア） EMS、OCS、FedEx、DHLなど
船便	遅い アジア：2〜3週間程度	多い （コンテナ）	安い	通関や国内輸送など専門的な手続きが必要 日中海運株式会社など

　航空便と船便では、物量で使い分けるケースが多いですが、貿易家の取引量では圧倒的に「航空便」をオススメします。特にアメリカやヨーロッパからの輸入の場合、船便だと日本に到着するまで2〜3か月はかかります。その間、お客様をお待たせすることになりますし、輸送時に商品が痛むリスクも格段にあがりますので、スピーディな航空便を活用するようにしましょう。どちらにせよ、貨物・運送保険はかけておきましょう。

【航空便の送料の考え方】

航空便の送料は、通常は実重量（Actual Weight）または容積重量（Volume Weight）のどちらか重いほうで計算されます。

実重量とは、荷物をはかりにのせて量った重量です。容積重量とは、荷物のサイズから換算される重量です。容積重量の計算は、物流会社によって異なります。例えば、国際宅配便の大手FedExやDHLの容積重量は次の計算式で算出されます。

容積重量＝縦（cm）× 横（cm）× 高さ（cm）÷5000（cm³/kg）

送料は、仕入れ量や輸出国によって変わってきます。仕入れ量が多ければ送料単価は安くなり、少なければ送料単価は高くなります。輸出国も中国とアメリカで比べると、中国からのほうが安くなります。欧米メーカーの商品でも工場は中国で生産しているケースが多いので、その場合はできるだけ中国から日本に送ってもらえるように交渉していきましょう。

【輸入税（輸入消費税・関税）の考え方】
輸入消費税

輸入消費税は、商品やサービスを海外から日本に輸入する際に課される税金です。この税金は、日本国内で販売される商品やサービスに対して国内で課される消費税と同様で、輸入される商品の税込み価格を基に計算されます。

輸入消費税の税率は、国内の消費税率に準じており、2023年11月の時点では10％です。輸入する際には、商品の関税価格（CIF価格）に対してこの税率が適用され、輸入者は税関に対して消費税を納める必要があります。ただし、非課税となる場合や免税の対象となるケースもあります。

輸入消費税：（CIF価格＋関税額＋そのほか内国税額）×消費税率

CIF価格とは、保険や運賃、諸費用の合算で、下記の頭文字を取った言

葉です。

Cost（価格）Insurance（保険料）Freight（運賃）

　税関では、商品が日本に到着した際に評価し、輸入消費税を含めた関税の計算を行います。輸入者は、これらの税金を納税した後に商品を受け取ることができます。

関税

　関税とは、国際取引において、税関を通過する際に商品に課される税金です。輸入者（受取人）が支払う義務があります。関税率は仕入れる商品の種類によって異なります。

① サンプルの仕入れ

　課税価格が1万円以下の場合、原則として免税となり、関税・輸入消費税はかかりません。ただしサンプル品が無料（No Commercial value）だったとしても、価格を「0円」で申告することはできません。基本的に日本に輸入されるものはすべて課税対象となり、インボイス（貿易書類）には商品代金を記入して申告する必要があります。

② 数個程度〜本格的な仕入れ

　課税価格が20万円以下の場合、「少額輸入貨物に対する簡易税率」が適用になります。品目分類を大別した7区分において税率を確定します。
　https://www.customs.go.jp/tsukan/kanizeiritsu.htm

　課税価格が20万円以上になると、輸入統計品目表（実行関税率表）に基づいた税率が適用になります。HSコード（輸出入統計品目番号）と呼ばれる、商品の名称と分類を統一するシステムコード番号にて税率が決まります。インボイスには適切なHSコードを書いてもらいましょう。
　https://www.customs.go.jp/tariff/

【関税が減免される可能性もあり】

　現在、多くの国が自由貿易協定（FTA）や経済連携協定（EPA）などの国際協定を結んでおり、これらの協定によって関税が低減される場合があります。例えば、特定の国からの輸入品は、互いの協定に基づいて関税がゼロになることもあります。関税について、詳しくは税関に問い合わせましょう。

　輸出入通関手続や税番・税率等に関するお問い合わせ – 税関HP -
https://www.customs.go.jp/tariff/2023_04_01/index.htm

☑ 国内配送のやり方

　商品が日本に到着したら、なるべく迅速にお客様に配送します。自分で配送するなら「ゆうパック」「クロネコヤマト宅急便」などを使いますが、それよりは配送代行業者に依頼するのが確実です。手数料を支払っても、自分でやるよりも安く早く確実にお客様に配送してくれるでしょう。

　商品のサイズが厚さ3mm以下の場合、ヤマト運輸「ネコポス」や日本郵便「クリックポスト」「ゆうパケット」などを利用すると、全国一律185〜360円ほどで送ることができますので、いかに商品を小さくパッケージできるかというのも考えてみると良いでしょう。サービスによりサイズや重量の制限がありますので、各ホームページで確認をしてください。

【オススメの国際輸送・国内配送会社】

　カルペディエム物流サービス
https://carpediemjp.com/delivery-charge/

　私が運営する貿易会社の物流サービスです。国際輸送から国内配送までワンストップで対応可能。世界中どこからでも輸入してお客様までお届けができます。料金も業界最安値級ですので、「物流はお任せしたい」「配送コストを下げたい」という方にオススメです。

カルペディエム国内配送サービス料金表　2023年4月版

CARPE DIEM INC.
※価格は全て税込

3辺合計	SSサイズ 30×22×2.5cm	Sサイズ 25×20×5cm	60サイズ	80サイズ	100サイズ	120サイズ	140サイズ	160サイズ
重さ	1kg以内	1kg以内	2kg以内	5kg以内	10kg以内	15kg以内	20kg以内	30kg以内
配送料 (手数料含)	440円	660円	770円	880円	990円	1,100円	1,400円	1,600円
沖縄追加	-	+440円	+660円	+1,210円	+1,760円	+2,310円	+2,860円	+3,300円
離島追加	-	-	+550円 (配送料＋沖縄追加＋550円)					
入庫料 (単位:点)	19.8円							
保管料 (単位:点/日)	0.3円		1.1円	3.3円	4.4円	6.6円	11円	15.4円

- **シンプルな料金体系：配送料＋入庫料＋保管料**
- SSサイズ：ネコポスMAX / Sサイズ：宅急便コンパクト / 60サイズ以降：ヤマト宅急便
- 配送料には各送料の他、商品1点分のピッキング作業費、配送ラベル貼付費、梱包作業費、梱包資材費(ポスト便専用袋、茶封筒、紙製緩衝材) が含まれます。

　国際輸送は、航空便も船便にも対応。コストを通常の7分の1程度に抑えられます。国内配送料も東京物流センターより全国一律440円（税込・手数料含）から配送ができます。

　クラファン物販のリターン配送で利用の場合、倉庫保管料30日間無料キャンペーンも開催。お見積もりは無料です。

☑ おおよその商品原価を知る方法

　海外サイト、KickstarterやIndiegogo、Amazonなどの販売価格（小売価格）の50〜60％になることが多いです。覚えておくと、リサーチしながらでも、ある程度の販売価格や利益額もイメージしやすくなるでしょう。もちろん商品やメーカーによって異なりますし、価格交渉できる場合もありますので、必ずメーカーごとに確認をしてください。

☑ 利益計算表（簡易版）をプレゼント

　ここまで説明してきた利益計算が埋め込まれている利益計算表（簡易版）を特典として差し上げます。自身の商材に合わせて金額や数値を変更すると、計算式が動く仕組みになっています。こちらを活用して赤字にな

らないクラファン物販に取り組んでください。

「赤字にならない利益計算表」

▼クラファン物販 利益計算表

■デフォルト

	1ドル	国際送料	関税	消費税	国内配送料	CF手数料	卸掛率
	150 円	500 円	0%	10%	800 円	20%	45%

■商品毎の設定

	商品原価($)	商品原価(¥)	関税	消費税	原価合計	上代(税抜)	上代(税込)
商品	12 ドル	1800 円	0 円	230	2,530	6,364	7000 円

■プロパー商品　利益計算表

	商品原価	販売価格	国内配送料	手数料	利益額	利益率
商品（BtoC）Amazon	2530 円	7000 円	800 円	1400 円	2270 円	32.4%
商品（BtoC）楽天市場	2530 円	7000 円	800 円	1050 円	2620 円	37.4%
商品（BtoC）D2C・EC	2530 円	7000 円	800 円	700 円	2970 円	42.4%
商品（BtoC）その他	2530 円	7000 円	800 円	490 円	3180 円	45.4%
商品（BtoB）卸販売	2530 円	3150 円	0 円	0 円	620 円	19.7%

海外メーカーとの交渉で
絶対に外してはいけないこと

☑ トラブルを防ぐための契約書

　海外との契約は「契約書にないことは存在しない」が前提となりますので、日本人特有の「なんとなく」はNGです。不明点はしっかりと理解できるまで確認をして、重要なことを書面に残しておきましょう。後々のトラブルを防ぐためです。

　独占販売契約書のテンプレートは特典としてお渡ししています。実際に私たちが使っているもので、そのまま各社プラットフォームにエビデンスとして提出することができます。

☑ 契約書に残しておくべき条件

　海外メーカーとの交渉で「これだけは確認しておきたい」事項はこちらです。

❶ 独占販売契約の期間

　クラファン物販で必要な独占契約の期間は最低でも4か月間、基本は6か月間です。契約〜クラファン販売、配送完了までの独占権が必要になります。なるべく余裕を持った期間をもらえるように交渉しましょう。

❷ 商品原価（Distributor Price）

　商品原価とは、私たちが海外メーカーから購入する価格です。国際送料や輸入税などは含んでいない純粋な商品の購入価格です。私たちが日本で販売する価格はMSRP（Manufacturer's Suggested Retail Price）と言います。いわゆるメーカー希望小売価格と呼ばれるものです。

　商品原価が高すぎると感じた場合は、メーカーに対して価格交渉を行ってみましょう。その際、メーカーから提示された商品原価での日本の販売価格と、競合商品の販売価格を比較して、「（競合商品と比較して）あなた

の商品のほうが優れているけれど、日本人の感覚として価格が高いと感じます」という形で伝えると良いでしょう。

　私たちが稼ぎたいからという印象を与えないように、利益計算表を共有して必要経費（国際送料・輸入税・国内配送料・プラットフォーム手数料など）をすべて公表しながら交渉していくことがポイントです。

❸ MOQ（Minimum Order Quantity：最低発注数）Minimum Order Quantity

　クラファン物販では無在庫で販売できることがメリットですが、MOQがあるとリスクが発生します。例えば「MOQ：100」で契約をしてしまうと、仮にクラファンで30個しか売れなかった場合でも必ず100個は発注します、という契約です。

　できるだけ「クラファンで売れた数を発注します」という契約を結びましょう。クラファンはあくまでもテスト販売であること、日本ではあなたの商品は誰もしらない状況などを伝えながら「クラファンであなたの商品を広めるために協力してほしい」という態度で交渉するのがポイントです。

❹ 輸送方法（インコタームズ）

　国際取引では、お互いの商取引文化も異なります。そのために共通の貿易ルールを決めようということで国際商業会議所（ICC）によって定められたのが「インコタームズ」です。

　簡単にお伝えすると「送料や保険料はどちらが負担するのか」「荷物の責任はどの地点までにするか」の区切りを定めたものです。

　例えば、「EXW（Ex Works：工場渡し）」は、海外メーカーが自身のオフィスや倉庫・工場で商品を引き渡すというルールで、その後の輸送や通関などのリスクや費用は全て私たち輸入者側が負担します。

　一方、「CIF（Cost, Insurance and Freight：運賃、保険料込み、目的港まで）」は、海外メーカーが保険料を含む輸送費用を負担し、商品を目的港まで運ぶのがルールです。ただし、商品が出荷港の船上に積み込まれた時点でリスクはバイヤー側に移ります。

インコタームズには10以上の条件がありますが、貿易家がよく使うルールは4つです。航空便ならEXW、船便ならFOBが一般的です。

❺ 国際輸送は、クーリエ（航空便）やフォワーダー（船便）に任せよう

実際の国際輸送は、現地でのピックアップから輸送、通関、陸送まで、ドアtoドアで一貫して依頼できるクーリエ（FedEx、DHLなど）やフォワーダー（通関業者・乙仲）に依頼をすれば手配してくれます。

なお、私の貿易会社でも業界最安値級の国際輸送サポートを行っています。「国際送料を任せたい！」「送料を安く抑えたい！」という方はご相談ください。相談・見積もりは無料です。

〈 代表的なインコタームズ 〉

	特徴
EXW（Ex Works）	工場渡し。売り手は商品を自身の工場や事業所で買い手に引き渡す。 その後の運送や保険などのリスクと費用はすべて買い手が負担する。
FOB（Free on Board）	本船渡し。売り手は商品を出荷港の船上まで運び、買い手に引き渡す。 その後の海上運送や保険などのリスクと費用は買い手が負担する。
CFR（Cost and Freight）	運賃込み。売り手は商品の運賃を負担し、商品を目的港まで運ぶ。 しかし、出荷港の船上に商品が積み込まれた時点でリスクは買い手に移る。
CIF（Cost, Insurance and Freight）	運賃と保険料込み。売り手は商品の運賃と保険料を負担し、商品を目的港まで運ぶ。 しかし、出荷港の船上に商品が積み込まれた時点でリスクは買い手に移る。

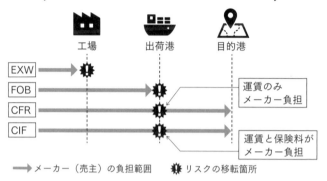

〈 インコタームズの費用負担と危険負担 〉

工場　　　　　出荷港　　　　目的港

EXW

FOB

CFR

CIF

運賃のみ
メーカー負担

運賃と保険料が
メーカー負担

→ メーカー（売主）の負担範囲　　💥 リスクの移転箇所

❻ 輸出元

　商品がどこから輸送されてくるかを書きます。インコタームズと合わせて「FOB shenzhen」などと書きます。

❼ 支払方法

　海外送金（T/T）が一般的です。海外送金については第5章で解説します。

❽ 納期

　リードタイム（デリバリータイム）です。日本に届くまでの期間を海外メーカーに確認して書き込みましょう。航空便なのか船便なのか、あるいは在庫が潤沢にある場合と発注後に生産に入る場合では大きく変わってきますので注意が必要です。

❾ 検査の有無、検査費用の負担

　PSEやBluetoothなど検査が必要な商品の検査費用をどちらが負担するかを決めて書いておきます。

❿ 製品保証

　到着していたときに商品が壊れている＝不良品の対応について書いておきます。不良品があれば、まとめて送り返して新品と交換をしてもらうのがベストではありますが、その際の国際送料や支払い済の輸入税の負担などが複雑になってくるので、実際には不良率を確認して、その分を追加で無償提供してもらい、本発注時に一緒に送ってもらうケースが多いです。

⓫ 両者のサイン

　最後は両者のサインを入れて完成です。先にこちらで書いてからメーカーの責任者にサインを書いてもらいましょう。あるいは、いまは電子サインも有効なので活用しても問題ありません。

 **巻末特典**　「契約書テンプレート集」

CROWDFUNDING DISTRIBUTION AGREEMENT

This Agreement is made as of　　　　　　by and between:

SUPPLIER:
SUPPLIER ADDRESS:

And

RAISER:
RAISER ADDRESS:

WHEREAS:
After the discussion with SUPPLIER and RAISER, now both parties have reached the compromises of the following terms for the coming Crowdfunding scheme via Makuake in Japan from　　　　　　to　　　　　　.

YouTube で学ぶ！

輸入に必要な契約書と落とし穴
https://youtu.be/GGdWCYGtlm8?si=AOY7OjpMmYpBlcUO

輸入法規と知的財産を攻略する

☑ クラファン物販ならこれだけ押さえておけば大丈夫！

海外製品を日本で販売する際に、さまざまな法規制があります。

電気を使う製品はPSE法（電気用品安全法）、電波を使う製品は電波法、食品や食品に接触する製品、口に触れるものだと食品衛生法などがあります。これらの法規制は個人貿易家でもクリアすることができます。

しかし、薬や化粧品、医療機器などの薬機法（旧薬事法）のハードルは高く、個人貿易家が取り組むのは非常に難しいです。どうしても取り扱いたいなら、海外ではなく国内OEMのほうが取り組みやすいでしょう。

ちなみに食品衛生法については、Makuakeでは、審査前に検査証明書の提出が必要です。PSE法と電波法については、審査前は検査を進めている証明書（検査機関からのメールや見積書など）があれば進めていくことができ、Makuakeプロジェクトの終了後、お客様への配送までに検査が完了していれば大丈夫です。

☑ 輸入販売法規まとめ

輸入販売に関わる法律について、以下にまとめました。電気製品、電波を利用する製品、食品、薬品、生命や身体への危害がある製品に関する法律などがあります。

❶ 電気用品安全法（PSEマーク）

電気製品に関する法律で、安全基準を満たした製品にのみPSEマークが付けられます。検査費用は製品の種類によりますが、例えば、特定電気用品は15万〜30万円、それ以外の電気用品は30万 〜60万円です。なお、USBで給電するものは対象外ですが、モバイルバッテリーは特定電気用品に該当するためPSEマークが必要です。

❷ 電波法（技適マーク）

BluetoothやWi-Fiなどの電波を使用する製品は、電波法の対象となります。そのため、製品は工場設計認証の対象となり、検査費用は約30万円です。ただし、GPSのような電波受信のみの製品や、ラジコンのような赤外線・紫外線で動作する製品、微弱無線機などは対象外です。

❸ 食品衛生法

食品や食品に接触する製品は、食品衛生法の対象となります。具体的な検査費用は検査項目に比例し、5万～15万円程度かかることが多いです。ただし、チタンやステンレスなど特定の素材は対象外となります。

❹ 薬機法（旧薬事法）

薬・健康食品・化粧品・医薬品・医療機器などは、薬機法の対象となります。この法律は非常に厳格で、個人レベルでの輸入は難しいとされています。ちなみに、判別が難しい「医療機器」と「雑貨」の判断は各都道府県の薬務課に仰ぐことができ、雑貨と認定されれば個人でも、特別な資格がなくても販売が可能です。

❺ 消費生活用製品安全法（PSCマーク）

生命や身体への危害がある製品に関する法律です。バイク用ヘルメットやレーザーポインター、ライターなどは特に安全性が求められ、PSCマークが必要となります。

以上の法律とマークについて理解し、それぞれの要件を満たすことで、安全かつ法規制を守った製品の輸入販売が可能となります。製品の種類によっては、リチウム電池を使用する場合にMSDS（化学物質安全性データシート）が必要となることもありますので、注意が必要です。

巻末特典　「輸入法規制攻略マニュアル」

〈 輸入法規制まとめ 〉

	商品種類					
	電気製品	電気製品（特定電気用品以外）	Bluetooth Wi-Fi製品	食品 食品接触製品	薬、健康食品 化粧品、医薬 品医療機器な ど	生命/身体への危 害があるもの
法律名	電気用品安全法		電波法	食品衛生法	薬機法 （旧薬事）	消費生活用製品 安全法
マーク	PSEマーク		技適マーク	—	—	PSCマーク
種類	特定電気用品	特定電気用品以外	工場設計認証	—	—	バイク用ヘルメット レーザーポインター ライターなど
検査費用	15万〜 30万円	30万〜 60万円	約30万円	検査項目に比例 5万〜15万円	—	—
検査日数	2か月程度				—	—
対象外	USBで給電		電波受信のみ の製品 赤外線や紫外 線で使う製品 微弱無線機	ステンレスや チタンなどの 素材	—	—
注意	モバイルバッテリーに は必要		FCCマークや CEマークだ けはNG	6歳未満の乳幼 児用おもちゃ も規制の対象	個人での輸入 は不可能	—
管轄省庁	経済産業省		総務省	厚生労働省 消費者庁	厚生労働省	経済産業省
検査機関	JET、UL、 CQC	JET、UL、 CQC	TELEC、UL	日本食品分析 センター ビューローベリ タスジャパン	—	—

リチウム電池を使用するものには、MSDS（化学物質安全性データシート）が必要となります。

YouTube で学ぶ！

ライバルと差をつける！　みんなが悩む輸入法規制について徹底解説
https://youtu.be/LJU-g41sPzQ?si=9jIS4H0SzpHi1sLU

☑ 知的財産権まとめ

　クラウドファンディングの活動が盛んになってきた昨今、一般のユーザーからの詳細な質問や指摘も増えてきました。

「この商品にはPSEマークが必要だが、ちゃんと検査は済んでいるのか？」「このパーツを使っているなら、このスペックはあり得ないのでは？」といった専門的な指摘も頻繁に見受けられます。法規制への準備と商品スペックの把握は当然のことながら、思いがけない事態が発生する可能性もあると認識しておきましょう。

　特に注目すべきポイントとして、「知的財産権の侵害」が挙げられます。つまり、「その商品名や商品デザインを、そのまま日本で販売しても問題ないのか？」ということです。我々貿易関係者が関わる知的財産権は、主に産業財産権（特許権・実用新案権・意匠権・商標権）に関するものです。

　なかでも特に注意を払うべきは**「商標権と意匠権」**の2つです。

　商標権とは、商品やサービスの識別マークである商標を保護する権利です。簡単に言うと、商品やサービスの「名前やロゴマーク」の権利です。商品名はしばしば機能性に基づくため、類似する名前が出てくることがあるので注意が必要です。

　意匠権は、商品の形状や模様、色彩のデザインについての権利です。簡単に言うと、商品の「デザインや形状」の権利です。

　知的財産権を侵害しないようにするために、「特許情報プラットフォーム（J-PlatPat）」で調査をすることが重要です。メーカー名や商品名をそのまま検索窓に入れて検索すればOKです。

　検索するべきタイミングは「メーカーとのオンライン商談をする前」です。もし商標がすでに登録されていた場合は、日本での販売に際して商品名を変更する提案をすることが必要です。

　商標の場合、商品やサービスのカテゴリー（区分）によって分けられています。全部で1～45類あり、たとえばスポーツ用品は28類、家具は20類となっています。

　例えば「MASKKING マスクキング」というスマホ関連グッズの商品

名を特許情報プラットフォームで検索してみましょう。結果、1件の商標がヒットしました。しかし、すぐにあきらめる必要はありません。該当する区分を見てみると、34類の「刻みたばこ、電子たばこなどのたばこ関連商品」だけが該当します。

　したがって、「MASKKING マスクキング」がタバコ関連の商品でなければ、商標侵害には値しないという結論になります。

　次に意匠権についてですが、検索すると図案が表示されます。これらは素人にとっては見分けるのが難しいのですが、あまりにもデザインや形状が酷似していなければ侵害にはなりません。詳しく調査したい場合は、専門家である国際弁理士に依頼し、意見を求めることをオススメします。

☑ 商標権、意匠権はどのタイミングで取得するべきか？

「クラファン物販はテストマーケティングである」という前提で考えると、基本的にはクラファンが大きな支持を得て、その後も市場での販売が持続的に行われる見込みがあるならば、その時点で商標登録を再考すると良いでしょう。

　そうすれば、以降はブランド名や商品名を保護することができ、Amazonなどプラットフォームでの販売においても、他者からの侵害リスクを減らしたり、自身のストアを強化したりするなどの利点があります。

　ただし意匠権に限っては、原則としてクラファン販売前に登録することが必須となりますので、海外メーカーと相談の上で対処すれば良いかと思います。

【知的財産オススメサイト】

・J-PlatPat（特許情報プラットフォーム）

https://www.j-platpat.inpit.go.jp/

　特許庁が発行してきた特許・実用新案、意匠、商標に関する公報や外国公報、出願の審査状況などの産業財産権情報が提供されています。検索窓に「メーカー名」や「ブランド名」などを入れて調べていくことができます。

・知財ポータル

https://www.j-platpat.inpit.go.jp/

　知的財産の活用を無料で支援する公的機関です。中小企業を対象に、特許や商標などの知的財産に関する相談を受け付けています。知財総合支援窓口は、全国47都道府県に設置されています。

〈 知的財産のまとめ 〉

知的財産権の種類	確認方法	事例と対策
商標権	海外の商品名が日本で登録されていないか確認	J-PlatPatで検索し、該当がなければそのまま販売可能。該当があった場合には区分を確認。すでに登録があっても区分が異なれば販売可能。もし被る場合は名称を変えて販売する。
意匠権	デザインや形状が日本で登録されていないか確認	個人での判断は困難なため、国際弁理士に依頼して確認
その他（特許権、著作権、実用新案など）	クラファン物販ではほぼ関わりなし	－

〈 知的財産とは？ 〉

特許権
携帯電話の液晶技術や通信法といったアイデアは特許権で保護されています。
保護期間は出願日から20年。

実用新案権
携帯電話の折り畳み構造やアンテナの伸縮構造といった、物の構造は実用新案権で保護されています。
保護期間は出願日から10年。

意匠権
携帯電話の形状やボタンの配置など、外見上のデザインは意匠権で保護されています。
保護期間は登録日から20年。

商標権
携帯電話の商品名やロゴなどのブランドは商標権で保護されています。
保護期間は登録日から10年。
ただし、保護期間は変更可能。

著作権
着信メロディ、待ち受け画面の写真等は著作権で保護されています。
保護期間は著作者の死後又は公表後50年。
コンピュータプログラム等も著作権で保護されます。

並行輸入品に気をつけよう

☑ **正規輸入と並行輸入の違いとは？**

　並行輸入品とは、海外メーカーの日本支社や輸入販売契約を結んだ正規の代理店などを通じて日本に輸入される「正規輸入品」とは異なるルートで輸入されたものです。端的に言えば、誰かが海外から勝手に仕入れてきて、勝手に販売している輸入品です。例えば「Amazon米国から仕入れてきて、Amazon日本で販売する」などは、並行輸入品販売となります。

　海外メーカーに独占販売権のサインをもらっても、日本国内ですでに並行輸入品が販売されている場合、適切な対応を求める必要があります。クラファンプラットフォームからも指摘を受ける場合がありますので、下記のポイントを参考にして、販売者に注意を促しましょう。

・消費者が正規輸入品と混同しないように、しっかり「並行輸入品」と明記させる
・輸入法規の認証や検査証明書がない製品は、違法行為になるので、販売停止を促す
・知的財産権を侵害しているものは、販売を停止してもらうように促す

　特に、本来Amazon.co.jpで並行輸入品を販売する際は、購入者の誤解を避けるため、通常商品とは分けて出品する必要があります。

「Amazonのサイトに並行輸入品を出品する際には、その他の通常商品と区別して出品する必要があります。並行輸入品は商品名に［並行輸入品］と明示され、通常商品とは別の商品詳細ページ(ASIN)に掲載されます」
（引用元：Amazon.co.jp「並行輸入品」より https://amzn.to/3PeeStf）

それにもかかわらず、商品名に［並行輸入品］と明示しないで販売しているセラーもいるので確認が必要です。

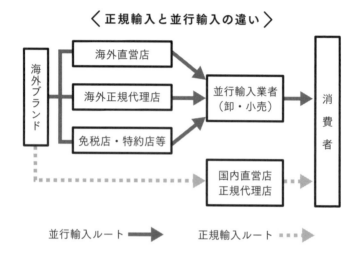

〈 正規輸入と並行輸入の違い 〉

〈 並行輸入品の見分け方 〉

第4章

クラファン準備編
売れる販売ページの
作り方

まずは全体の流れを知ろう

☑ 申込から終了まで商品を販売する方法

　ここまではクラファン物販で販売する商品について、探し方や海外メーカーとの交渉、契約について解説しましたが、ここからは探し出した商品を販売する方法をお伝えします。

　クラファンは第1章でも述べたようにただ販売するものではなく、自分の商品やサービスに対して支援や購入してくれる人が不可欠です。そのためにプロジェクト作成には注力しなくてはいけません。まずはクラファンサイトへの申請から、プロジェクト終了後まで全体の流れを知ってください。

〈 掲載申込からプロジェクト終了までの流れ 〉

掲載申込	・書類審査
プロジェクト掲載開始前 （約1か月）	・クラファン担当者と打ち合わせ ・プロジェクトページ作成 ・プロモーションプラン策定
プロジェクト掲載中 （約1か月半〜2か月）	・サポーターに対する活動の報告
プロジェクト掲載終了後 （約2〜3か月）	・クラファンサイトからの入金 ・サポーターに対するリターン製品の発送

☑ プロジェクト掲載の申し込み

　各クラファンサイトの申込フォームなどから申請を行っていきます。数営業日で担当者から返信が来るでしょう。

　例えばMakuakeの場合、1つのプロジェクトに1人の担当者がつく仕組みで、その担当者を「キュレーター」と呼びます。プロジェクトの期間中、あらゆるサポートをしてくれるので、キュレーターとは円滑にコミュニケーションを取りながら進めていきましょう。

プロジェクト申請のために用意するもの

☑ 必ず用意すべき書類は2点

　事前に用意するものを一覧にまとめました。プロジェクトを行うのが法人か、個人かによって、準備する資料や記入する内容が異なりますので注意しましょう。

　法人・個人ともに1・2の書類は必須です。個人の住民票・印鑑証明はお住まいの自治体、法人の登記簿謄本・印鑑証明は会社の本店または支店の所在地を管轄する法務局（登記所）で取得します。どちらもその先の書類はページを作りながら進めても大丈夫です。

【必要書類】
・申込書と同意書（署名・捺印必須）
・証明書類
【個人の場合】
1 住民票の写し／住民票の記載事項証明書（発行後3か月以内）
2 印鑑登録証明書（発行後3か月以内）
【法人の場合】
1 法人の商業登記簿謄本（発行後6か月以内）
2 法人の印鑑登録証明書（発行後6か月以内）
3 法規制対応のエビデンス（PSE、技適、食品衛生法など）
4 独占販売同意書（両担当者のサインと印鑑）
5 画像や動画の素材（海外メーカーにもらえなければこちらで用意）
6 シナリオとリターンの設計
7 プロフィール写真と実行者の声
8 商品サンプルをいくつか用意
【その他に必要なもの】
1 法規制対応のエビデンス
2 独占販売同意書

プロジェクトページに使われる
素材の名称を理解しよう

☑ プロジェクト作成に必要な素材は共通

　まずはページ全体の把握と必要な素材の名称を覚えて、どんな素材を用意したらいいのか理解するところからはじめましょう。

実行者の最新投稿　2023.07.26　　　　　more ＞

こんにちは、WALDHOFF運営者です。国内倉庫より全商品の発送が完了いたしました。皆さまには、大変長らくお待ちいただきました、改めて...

③プロフィール画像　実行者へ問合せ

ストーリー

① 世界三大複雑機構「トゥールビヨン」を搭載した本格派ドイツ製手巻き式腕時計を手の届く価格で

② 機械式の優美さを際立たせる「スケルトン」と「ダマスカススチール」の2タイプを新作でご用意

③ スイスの高級腕時計のデザイナーとドイツ職人の技の融合。国内屈指のアフターサポート体制

※リターン品の配送が完了するまで、WALDHOFF_JapanはWALDHOFFの日本における独占販売権を有する正規代理店です。詳細に関しては、ページ下部のリスク&チャレンジをご確認ください。

⑤見出し画像

②本文イメージ画像

応援購入する ⑦

このプロジェクトはAll in型です。目標金額の達成に関わらず、プロジェクト終了日の2023年6月30日までに支払いを完了した時点で、応援購入が成立します。

8,800円 (税込)

残り64個

カーフスキンレザーストラップ【Makuake割35%OFF】80名限定

④リターン画像

【内容】
■イタリア製カーフスキンレザーストラップ[Dバックル仕様] × 1

幅：22mm（テーバ約20mm）
長さ：70mm & 125mm

263,200円 (税込)

残り19個

THE CONTINENTAL S【超早割30%OFF】40名限定

定価378,000円 → 263,200円（税・送料込）

【内容】
■[THE CONTINENTAL S]トゥールビヨン(本体1個、バンド付) × 1セット
■専用木製収納ケース × 1
■国際保証書（2年間）× 1
■プレゼント用ブランド手提げ紙袋 × 1

・THE CONTINENTAL Sトゥールビヨンウォッチ(1～3の中からお選び下さい)
1. Black(ステンレスバンド)
2. Carbon Silver(ステンレスバンド)
3. Royal Blue(ステンレスバンド)

※製造状況により出荷時期が遅れる場合、早急にご連絡致します。

👤 21人のサポーター 残り19
🗓 2023年07月末までにお届け予定

☑ 素材の解説

　プロジェクトページに使う各素材のサイズなどを一覧表にまとめました。各クラファンサイトで若干異なりますので、参考にしてください。

〈 各クラファンサイトの画像素材について 〉

素材	Makuake	CAMPFIRE / machi-ya	GREEN FUNDING
①サムネイル画像 （キービジュアル画像）	横1600×縦900 px （比率16：9）	横1200×縦800 px （比率3：2）	横580×縦386 px
②本文イメージ画像	横1230 px 推奨 2MB以内（各画像）	横640 px 推奨 1MB以内（各画像）	横580 px
③プロフィール画像 （実行者アイコン画像）	横400×縦400 px （1：1）	横200×縦200 px （1：1）	横300×縦200 px
④リターン画像	横690×縦388 px （16：9） 3MB以内（各画像）	横400×縦200 px （16：9） 1MB以内（各画像）	横300×縦200 px
⑤見出し画像 （文字エディターも可）	横1230 px 推奨 2MB以内（各画像）	横640×縦60 px 推奨 2MB以内（各画像）	指定なし
⑥スライドショー画像	サムネイル含めて7枚まで	サムネイル含めて5枚まで	―
⑦動画	Youtubeにアップロード URLを埋め込む		

モノが溢れかえっている現代で
選ばれる商品とは？

☑ 明確な差別化が必須

　今の世の中には製品が溢れています。「所有から共有」のシェアリングエコノミーの時代で、いかにモノを持たないかが良しとされているなか、それでも企業は競うように新しい商品を作り販売活動を行っています。

　結果、消費者はスマホや街中から休むことなく流れてくる広告や宣伝の洪水の中で、自分が興味を持っているもの以外には耳を塞いで生活をしている状態と言えます。

　その中で、あなたの商品を知ってもらうために「**（他の誰でもない）あなたのための商品なんです**」と力強く、はっきりと訴えかけなければなりません。そして「**（他にはない）こんな特徴やメリットがあります**」「**（これを使うと）こんなにハッピーなあなたになれます**」というメッセージをしっかりと伝えていくことが、もっとも重要になります。

☑ 差別化のためのポイント

　他にはない商品ということで差別化するためには、次の3つのポイントを考える必要があります。

---

❶ **その商品のお客様は誰なのか？**

「他の誰でもない、あなたのための商品なんです」

❷ **USP（その商品にしかないウリ P.135参照）は何か？**

「他にはない、こんな特徴やベネフィット（便益）があります」

❸ **この商品を買うと、どんなストーリーが生まれるのか？**

「これを使うと、こんなにハッピーなあなたになれます」

この3つを明確に磨き上げていくために、まずは3C分析を行います。

☑ マーケティングにおける3C分析

マーケティングにおける3C分析とは「自分の会社（Company）」「ライバルの商品（Competitor）」「お客様（Customer）」の3つを分析することにより、お客様に刺さる商品コンセプトを作り出すことをいいます。

具体的には「お客様はどんな人で、何を求めているのか」「ライバル商品はどんなUSPを打ち出しているのか」「自分の商品の強みやベネフィットは何か」などを洗い出していきます。クラファン物販では、下記の10点に注目して比較をしていくと良いでしょう。

〈 差別化の基準 〉

共感を呼ぶページ作りのテクニック

☑ ファーストビューの3大要素

　クラウドファンディングのユーザーに表示されるプロジェクトページのなかで、最初に目に入るエリアのことをファーストビューと言います。ファーストビューの3大要素は「キービジュアル画像」「キャッチコピー」「タイトル」です。それぞれを詳しく解説します。

❶ キービジュアル画像（サムネイル）

　とにかく一番重要なのがキービジュアル画像です。ここに全ての力を注ぐべきといっても過言ではないほど重要な箇所になります。

　なぜならば、キービジュアル画像の役割は「プロジェクトページを見てもらうこと」だからです。プロジェクトページ上のメイン画像でありながら、クラファンサイト上の一覧ページで表示される画像でもあります。

　まずはお客様にクリックしてページを見ていただけないと、どんなにページを作り込んでも、どんなに素晴らしい商品でも売れません。

　キービジュアル画像を構成する要素は「画像」と「キャッチコピー」。その商品がどんなに素晴らしい商品なのかを伝えるために、できる限り高品質で、世界観のある画像を使いましょう。

　画像は総代理ビジネスの場合、海外メーカーが提供してくれますが、もしも十分なクオリティのものがない場合は、こちらでカメラマンに外注するか、または撮影代行サービスを利用して撮影し直しましょう。画像作成はCanva（キャンバ）などが無料で使えて便利です。

【オススメの撮影代行業サービス】

・バーチャルイン　https://photo-o.com/

最新キッチン、リビングで
売れる写真が撮れる！
ホーム撮影スタジオ

・Studio D4　https://www.studio-d4.com/

❷ キャッチコピー

　キャッチコピーとは、和製英語で「広告文（copy）」「注意を引くこと（catch）」を掛け合わせた「注意を引く広告文」、つまり消費者の心をつかむための宣伝文句です。クラファン物販においては「この商品を一言で表すと何なのか？」を端的に伝える文章となります。

　キャッチコピーは商品やサービスをアピールする上で、非常に重要な役割を担っており、ポイントは「わかりやすさ」「斬新さ」「インパクト」です。以下に、キャッチコピーを作る際に役立つコツをいくつか紹介します。

【共感を得るキャッチコピーを作る5つのコツ】

・簡潔でわかりやすい「ワンタッチで窓、キレイ。」

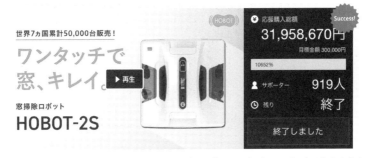

https://www.makuake.com/project/hobot-2s/

・USPを表現する「1000人の声から生まれたスマホポーチ」

https://www.makuake.com/project/futurememory-georiem02/

・感情を刺激する「吸わない掃除機など認めない」

https://www.makuake.com/project/vacuumcleaner/

・お客様に合わせた言葉で表現する「虫がとことん嫌いなあなたへ」

https://www.makuake.com/project/mosout2/

・目的をかんたん便利にする「引っ張るだけで日差しを強力カット。」

https://www.makuake.com/project/carmafia2/

　ここは貿易家の腕の見せ所なのですが、良いキャッチコピーを思いつかない場合は、クラウドワークスなどのクラウドソーシングサービスで、募集することもできますし、文章作成にはChatGPTなどの生成AIも活用できます。画像へのキャッチコピーの載せ方は、YouTubeの人気動画のサムネイルを参考にして、視認性の高い太い字体でシンプルに見やすく書きましょう。

❸ タイトル

　タイトルは、キャッチコピーよりもさらに具体的に商品の魅力を伝えます。商品の最大の特徴や、ベネフィット（お客様が商品を使って得られる

効果や利益）、斬新さ、競合商品との違いなどを全角40文字分で盛り込みます。

【注目してもらえるタイトルづけ3つのポイント】

①商品の一番のウリを一言で言うと？

　商品にはさまざまな特徴がありますが、その中でももっとも訴求したい点を言語化します。「この商品を一言で言うと？」という問いを立てることで捻出しやすくなります。

②USPは何か？

　USP（Unique Selling Proposition）とは、競合商品にはなくて、自分の商品だけにある独自の強みです。競合商品との違いを明確に打ち出しましょう。USPを考える際に重要になってくるのが「お客様は誰なのか？」という点です。

　実際に商品を購入してくれるお客様に刺さるようなポイントを洗い出しましょう。

③数字や身近なもので表現する

「3分でできる」「スマホサイズ」などイメージしやすいものに例えると、ユーザーも理解しやすくなります。

【秀逸なタイトル事例】

・星付きシェフが愛用する ドイツ発「第3の研ぎ器」プロの切れ味を日常に

星付きシェフが愛用する ドイツ発「第3の研ぎ器」 プロの切れ味を日常に

https://www.makuake.com/ptoject/rollschleifer/

「星付きシェフ」でミシュラン獲得のシェフを、「ドイツ発」でヨーロッパ製品の高品質な製品・優れたデザイン・環境への配慮などを連想させています。

さらに「第3の研ぎ器」で革新性や斬新性を伝え、最後に「プロの切れ味」でプロユースな高品質を、「日常に」で簡単さや多用途性を表現しています。まさにお手本のようなタイトルです。

・【時間を忘れるほどの美しさ】手の届く最高峰の腕時計。ドイツの本格派トゥールビヨン

【時間を忘れるほどの美しさ】手の届く最高峰の腕時計。ドイツの本格派トゥールビヨン

#プロダクト　#ファッション　#時計　#腕時計　#アクセサリー

https://www.makuake.com/project/waldhoff-japan/

「トゥールビヨン」は世界三大複雑機構と呼ばれ、熟練の時計技師の技術と長い製作期間が必要であることから、希少性が高く搭載モデルの価格は総じて高額になります。それが「手の届く」価格帯で提供できることを示しています。本来は時間を伝えるための腕時計が、デザインのあまりの美しさに、思わず時間を忘れて見惚れてしまうというメタファーで究極の美を表現しています。

・もう手拭きには戻れない！　全自動窓掃除ロボット『HOBOT-2S』

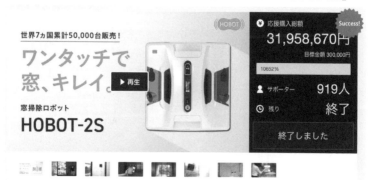

もう手拭きには戻れない！全自動窓掃除ロボット『HOBOT-2S』

#プロダクト　#便利グッズ　#多機能　#ガジェット　#テクノロジー

https://www.makuake.com/project/hobot-2s/

「もう〇〇には戻れない」「もう〇〇しない」などは定番のフレーズです。一度その商品を使ったら、その便利さや快適さから手放せなくなり、二度とない状態には戻れない心情を表現しています。そして商品名と型番を入れておくことで、指名買いのお客様から発見されやすくなります。

　逆に一番やってはいけないのが「何かを伝えていそうで、何も伝えていないタイトル」です。それっぽい表現では誰にも何も響きません。

【伝えていそうで伝えていないタイトル事例】
・美しさと実用性を兼ね備えた高品質な逸品ナイフ
　一見、商品の素晴らしさを伝えているようですが、具体的ではないために何を言っているのかわかりません。これではお客様に刺さりません。

・薄くて軽い多機能バッグ。このバッグで通勤から出張まで
「多機能」「高性能」「究極の」などは、その言葉自体は具体的ではないワードです。また、薄くて軽い多機能バッグは世の中に溢れかえっているた

めUSPにはなり得ません。

☑ 商品カタログではなく体感価値を伝える

　一方的に商品の特徴やメリットを推していく「商品カタログ」ページにするのではなく、「こんな悩みありませんか？」という形でお客様に寄り添った文章構成にしていく必要があります。感情表現を入れ、書いていきましょう。特に海外製品の販売の場合、文章をそのまま翻訳したような内容だと、日本人の感性にはそぐわないこともあるので注意が必要です。

【オススメの画像編集アプリ】

　・Canva　https://www.canva.com/ja_jp/

　無料のグラフィックデザインツール。豊富なテンプレートや素材を利用することで、初心者でも「プロのような」画像やデザインを作成できます。

　・Photoshop　https://www.adobe.com/jp/

　プロユースな写真や画像の加工・色の調整、複数画像の合成、テキストの追加や装飾などが自在に行える定番ツールです。生成AIも使えるようになり、ますます表現豊かな画像が作れるようになりました。

売れる販売ページの構成パターン

☑ 人間の消費行動を分析する

　それでは本文の作成に入っていきますが、まずは人間の消費行動を理解しましょう。ここでは「AISCEAS（アイシーズ）」の法則をご紹介します。お客様が商品に出合ってから購入に至るまでの、特にインターネットにおけるユーザーの購買心理プロセスを表したものです。

〈 AISCEAS の法則 〉

注意	関心	検索	比較	検討	行動	共有
広告等に注意を引かれる	商品等に興味関心を持つ	ネットで検索して調べる	ネット上で同一商品販売サイトを比較する	他の人の口コミを参考に検討	購入する	満足不満足などの感想をブログやSNSで発信・共有

　この法則が示しているのは、あなたの商品のページに訪れたユーザーが即断即決して支援・購入してくれているのではなく、商品に注意・関心を持った後に「他にもっと良い商品ないかな？」と検索したり、Amazonなどの EC サイトの商品と比較したり、商品レビューなどを見て検討をして後日、また訪問して購入して……という購買心理・行動のプロセスです。お客様は比較検討しながら購入してくださることを覚えておきましょう。

☑ 共感しながら支援や購入に至る構成

　それでは、売れる販売ページとはどのような構成になっているのでしょうか。まずは実際にクラファンサイトで売れている商品ページをよく見て分析してみることです。それと同じ流れに沿って書き進めていけば、売れる販売ページに近づいていきます。

ここでは私たちが実際に使っている販売ページの構成を例にお伝えします。この構成に沿って書き進めていくと、ユーザーに体験価値を与え、共感していただきながら支援・購入に至る文章構成ができあがります。

【売れる販売ページ17の構成】
❶ストーリー
❷最大のウリ
❸問題提起
❹親近感と解決策
❺実績・権威性
❻商品の特徴・機能説明
❼推薦コメント
❽使用方法
❾利用シーン
❿その他
⓫商品仕様
⓬リターン紹介
⓭スケジュール
⓮メーカー紹介
⓯実行者紹介
⓰FAQ
⓱リスク&チャレンジ

【売れる販売ページの各構成】

❶ ストーリー（Makuakeの場合）

→3つのポイントでまとめて説明

　まずは本文に入る前に、このプロジェクトがどんな内容なのかを簡潔に3つのポイントでまとめて説明をします。その下から本文に入っていきます。

- ① 機械式腕時計の最高峰トゥールビヨンの魅力をお手頃な価格で楽しめる

- ② メイド・イン・ジャーマニーの職人技が光る逸品。素材、精密度共に超一級品

- ③ スイスの腕時計デザイナーが設計。高級スポーツカーをイメージしたクールでラグジュアリーなデザイン

＜輸入代理店プロジェクトの場合＞

「リターン品の配送が完了するまで、【あなたの事業者名】は【海外メーカー名】の日本における独占販売権を有する正規代理店です。詳細に関しては、ページ下部のリスク＆チャレンジをご確認ください」

❷ 最大のウリ

→「はい注目！！！！！」GIF画像も活用

　キービジュアル画像やタイトル、ストーリーを読んで興味を持ってくれた支援者は、次にこの冒頭パートを目にします。ここで支援者の興味を最大限に惹きつけて、ワクワクしながら次の文章へと読み進めていただきたい重要なパートです。

　商品の革新性やストーリー、海外での販売実績や受賞歴など、読み手の心をギュッと掴んで離さないように「インパクト」がある形で伝えていきます。シリーズ第2弾のような商品の場合は、前回の実績を挙げるのも効果的です。文章や静止画像だけではなく、動きのあるGIFアニメなども活用しましょう。

❸ 問題提起

→「こんなお悩みありませんか？」「こんな方にオススメです」

支援者の悩みや不満、願望を顕在化させて列挙します。そうすることで、支援者が「自分ごと」として捉えやすくなります。

❹ 親近感と解決策

→「こんな商品あったら良いですよね？」

　問題点や願望に共感する形で、深掘りして解決策として商品を伝えます。海外メーカーの開発のきっかけや、あなたが実際に商品を使って効果を感じた体験をベースに書くとより共感を呼びます。従来の製品の問題点を挙げるのも効果的です。

❺ 実績・権威性

→「海外でも大人気」「有識者のお墨付き」など

　すでに販売実績があれば、海外の販売ページ（クラファン、Amazon、そのほかECサイトなど）からレビューを引用してくることができます。

　ただし、掲載許可のエビデンスが必須となりますので、必ず海外メーカーからもらってください。

❻ 商品の特徴・機能説明

→ 「商品の特徴を厳選してお伝えする」

特に他商品との違いを意識しながら書いていきましょう。ひと目でわかるようにアイコンやイラストでまとめるのも効果的です。

❼ 推薦コメント

→ 「有名人や権威者からのお墨付きコメント」

その道のプロからの推薦コメントをいただけると、より説得力や権威性が上がります。例えば、調理器具なら一流シェフ、ワイングッズならソムリエ、トレーニンググッズならトレーナーなど、まずは身近なツテをたどってお願いできる人を探していきましょう。いい人が見つからない場合はSNSを通じて声をかけていきますが、その際は謝礼が必要です。

実際に商品を使用してもらい、コメントを書いてもらいます。そして、お名前と肩書きをいただきます。できれば顔写真も掲載できると良いでしょう。

商品の品質や効果効能を証明する証明書（エビデンス）を掲示するのも有効です。

❽ 使用方法

→「いかに簡単に使えるか」

どんなに優れた商品でも、使い方が難しそうだと敬遠されます。そこで、いかに簡単に使用できるのかを、わかりやすく伝えていきましょう。

※機械式腕時計の潤滑剤は、時間が経過すると微化して粘性が増し、不具合の原因となります。5年を目安にオーバーホールしていただくことをお勧めします。

※機械式時計は磁気の近くで長時間使用すると、使われているパーツが磁気を帯びて故障の原因となります。ご使用の際はマグネットブレスなど磁石や磁石を用いたアクセサリーとの使用を避け、磁石が無い場所で保管してください。

※[QUANTUM]はカーフスキンレザーのベルト、[Continental S]はステンレススチールバンドがセットになります（ベルトは選択できません）。

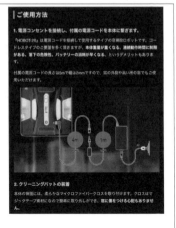

ご使用方法

1. 電源コンセントを接続し、付属の電源コードを本体に繋ぎます。

『NOBOT-26』は電源コードを接続して使用するタイプの空among口ロボットです。コードレスタイプのご要望をよく頂きますが、本体重量が重くなる、連続動作時間に制限がある、落下の危険性、バッテリーの消耗が早くなる、というデメリットもあります。

付属の電源コードの長さは5mで幅は2mmですので、窓の外側や高い所の窓でもご使用いただけます。

2. クリーニングパットの装着

本体の背面には、柔らかなマイクロファイバークロスを取り付けます。クロスはマジックテープ素材なので簡単に取り外しができ、窓に傷をつける心配もありません。

❾ 利用シーン

→「場面をイメージしてもらう」

　実際に使用する場面を提示して、さらに自分ごとに落とし込んでいただきます。なるべくいろいろなシーンを書いておきましょう。

キャンプや釣りなどのアウトドアに

散歩やジョギングに

⑩ その他

　本文では取り上げなかったけれど、こだわっている点や大切にしている
ことなどを書き残しておきましょう。

〈 国内アフターサポート体制 〉
高級時計技術スタッフによる
徹底アフターフォロー

ドイツ本国でのWALDHOFFメカニカルサポートにて、修理・オーバーホール他を行
うと共に、日本のサポーターの皆さまに、アフターでより一層安心していただく為
に、国内にWALDHOFF修理センターを設置しています。

その運営実務については、国内有数の時計修理実績をお持ちの共栄産業株式会社様に
担って頂いております。

「スイス方式アフターケア」について（共栄産業株式会社様コメント）

『当社はスイス製の機械式時計を中心に修理を行ってまいりました。

今ではハイエンドな機構の一種でもある、トゥールビヨンなどの超複雑時計から、一
般的な機械式クロノグラフやクォーツ式時計の分解掃除や修理まで幅広く対応してい
ます。

有名メーカーのスイスやドイツ本国の技術トレーニングや情報共有についても積極的
に行っております。

工程別に分けられ、ラインに組み込まれる修理方法ではなく、一本一本の時計を各
ウォッチメーカー（＝修理技術者）が状態チェックから分解・洗浄・組立・注油・調
整・最終チェックまで責任をもって行います。

時計から使い方やくせ、想いや歴史をウォッチメーカーが読み取り、お客様に合わせ
て心を込めて修理します。』

　特に、限定性や希少性を高めたり、充実したアフターサービスや保証な
ど、リターンで提供する商品の付加価値を強調しておきましょう。

⓫ 商品仕様

→「スペック」

商品仕様を詳しく書きます。特に家電やガジェット系などは、スペックが購買目的に直結しているケースも多いので、数値などの間違いがないように気をつけましょう。

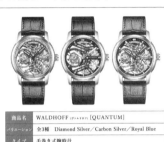

商品名	WALDHOFF (ヴァルドロフ) [QUANTUM]
バリエーション	全3種　Diamond Silver／Carbon Silver／Royal Blue
タイプ	手巻き式腕時計
素材	316Lステンレススチール
サイズ	直径42mm
厚さ	12.65mm
ラグからラグまでの長さ	49.80cm
風防	反射防止コーティングサファイア
ケースバック	スチール＆サファイアグラス
重量	120g
文字盤	ハイドロフォーミング金属文字盤（二層構造）
時計針	ダイヤモンドカット（Super luminous BGW9-blue light夜光）
ムーブメント	winding HZ 36K1-dual barrel -long power reserve CO-Axial Real Tourbillon movement
振動数	毎時28,800振動
石数	21
パワーリザーブ	約60時間（最大巻き上げ時）
防水	3ATM
ストラップ素材	カーフスキンレザー
ストラップ幅	22mm
付属品	オリジナルデザイン特製ウッドケース
生産国	ドイツ

⓬ リターン紹介

→「リターン画像を並べる」

ここで改めて準備したリターンの内容についても本文に書きます。

⓭ スケジュール

→「プロジェクト開始月、終了月、お届け月」

お届け月がいつになるのかをしっかりお伝えする意味でも、本文中にも今後のスケジュールを明記しておきましょう。

⓮ メーカー紹介

→「商品開発ストーリー」

　ここも大きな共感ポイントです。できれば海外メーカーの紹介だけでなく、この商品を開発するに至ったストーリーを伝えましょう。より具体的であるほうが効果的です。

私達はドイツのフォルツハイムに拠点を置く時計メーカーです。

⓯ 実行者紹介

→「この商品への想いやエピソード」

　ここは実行者であるあなたのことを書きます。なぜこの商品を素晴らしいと思い、広めたいと思ったのか、想いを存分に伝えましょう。特に「なぜ私が売るのか」という点を強調できると良いです。どんな人が実行者なのかということで、顔写真を載せるのがベストではありますが、商品によってはブランドのロゴマークなどを載せておくのも良いでしょう。

実行者紹介
ABOUT ME

WALDHOFF JAPAN

私たちは、2021年1月、ドイツの腕時計ブランド「WALDHOFF（ヴァルドホフ）」を日本で初めて、Makuakeの皆さまにご紹介することが出来ました。

皆さまの多大なる応援と関係者の方々のご協力のもと、「THE IMPERIAL」「THE VANGUARD V8」と「Ultramatic Limited」の3アイテム、2つのプロジェクトは、応援購入総額62,535,268円という、予想を遥かに超える成果を収めることが出来ました。この場をお借りして、改めて御礼申し上げます。誠にありがとうございました。

⑯ FAQ

→「見込み客が気になるであろう点」

　購入時に、見込み客が疑問に感じたり、購入を躊躇するようなことはFAQとして質疑応答形式で書いておきます。「買わない理由を潰す」イメージでどんどん書きましょう。第三者からの客観的な質問や疑問点などを掲載するとより良い内容になっていきます。

FAQ
FREQUENTLY ASKED QUESTIONS

Q. ストラップは、他の腕時計にも使用できますか？

A. ストラップの「サイズ幅22mm」に合うものでしたら、レザー・ステンレススチール共に、他の腕時計でもご使用が可能です。

また、ストラップには取り外しが簡単なスライドピンも付いていますので、専用工具がなくても交換していただけます。

＊なお、ストラップ自体の保証はありませんので、予めご了承ください。

Q.領収書の発行は可能ですか？

A. Makuakeのマイページから、領収書を発行することが可能です。宛名は任意の文字を入力いただけます。

各端末での操作方法については、以下よりご確認ください。

PC／スマートフォン／アプリ

https://bit.ly/3iSW71Q

⓱ リスク＆チャレンジ

→「プロジェクトに関する情報と、並行品や類似品への対処について」

プロジェクトに関する情報

・プロジェクトの属性：輸入商品

・代理店によるサポート：製品保証2年間 アフターサポート

・実行者（国）：日本

・企画国：ドイツ

・製造国：ドイツ

※並行輸入品が発生する可能性があります。正規以外での個人輸入等は、完全に防ぐことができない場合がございます旨、予めご了承のほどお願いいたします。

※リターン品の配送が完了するまで、WALDHOFF_JapanはWALDHOFFの日本における独占販売権を有する正規代理店です。並行輸入品が発生する可能性がございますが、並行輸入品には正規代理店による製品サポートを受けることができません。また、正規代理店を通じて購入することで、日本国内での流通に必要な各種認証の取得や、関税の適切な処理が担保されます。

※一部国内に類似商品が出回っている場合がございます。弊社では他社の類似品に関してのお問い合わせには対応できませんのでご了承ください。

※使用感などに関しては、感じ方に個人差が予想される製品でございます。そのため、使用感等に関する返品・返金はお受けいたしかねます。

巻末特典「売れる販売ページ17の構成チェック表」

☑ ページ作りの進行手順

　続いてページ作りの手順です。競合のリサーチから、ターゲット設定、ポジショニング（見せ方を考える）、商品のベネフィット・USP、本文作成、画像など全体のデザインという順番で作成します。順を追って解説しましょう。

❶ 競合リサーチ

まずは競合品との違いを明確に打ち出すために、競合リサーチを行いましょう。Makuakeや他のクラファンサイト、Amazon、楽天市場などから類似商品を調べます。ポイントは「競合商品にはなくて、自分の商品にあるものは何か？」を念頭におきながら調べていきます。

その際、Amazonや楽天市場ならカスタマーレビュー、Makuakeなら応援コメントを見ていくと参考になるでしょう。

特にAmazonや楽天市場の場合、高評価レビューだけでなく低評価（星1～2）レビューにも注目しましょう。「自分の商品がその問題点を解決できているか？」がポイントです。

❷ お客様はどんな人？

次に、あなたの商品を購入してくれるお客様はどんな方なのかを考えます。これをペルソナ設定と呼び、年齢や性別、住んでいる地域や生活様式などから人物像を明確にしていきます。

ただし架空の人物を想像するよりも実在する人物を探したほうが現実的です。周りでその商品を欲しそうな人や、同じような商品を使っている人を探して意見を聞きます。2～3人から意見をもらえれば十分です。

またはSNSなどを使って、見込み客からアンケートを取るのも有効です。年齢や性別、商品の魅力や、逆に懸念される点などを聞いていきます。

クラウドワークスでは単価5円程度でアンケートが集められますが、属性が異なる場合がありますので、本格的にアンケート収集を行いたい場合は、消費者の生の声を安価で集められるサービス「ミルトーク」などを利用しましょう。

❸ ポジショニング

「商品は変えられなくても"見せ方"は自由に変えられる」ということを覚えておいてください。特に競合商品が多い場合、ポジショニングを考えて「見せ方」を設計していきます。

オススメなのは用途やターゲットを特化させていくことです。競合商品

との比較を見せれば、より魅力を伝えることもできます。ただし他社の商品名を挙げる、露骨な比較表現などは審査の際に指摘される可能性もあります。

　なお、一見マイナス面に見える要素も、見せ方次第ではプラス面に変えることができます。

例：競合製品と比較するとパワーの弱い電動ドリル → お子様や女性の方でも安心です。

〈 ユーザーを変えてポジショニングに成功した事例 〉

レッドブル
ユーザー：「中年男性」から「若い男性」へ
用途：「疲労回復」→「エネルギーを高める」

シーブリーズ
ユーザー：「若い男性」から「女子高生」へ
用途：「海や夏に使う」→「日常の汗ケア」

ヘルシア緑茶
ユーザー：「一般客」から「肥満に悩む中高年」へ
用途：「おいしいお茶」→「内臓脂肪を減らすのを助ける」

❹ 商品のベネフィット（便益）

商品のベネフィット、USPを洗い出し、商品の特徴や競合商品との違いから、商品の魅力を多くても5つのベネフィットにまとめます。

ここで重要なのは、あえて5つに絞るということです。ついたくさんのポイントを挙げてしまいがちですが、多すぎると逆に商品の魅力が薄まってしまう可能性がありますので気をつけましょう。

間違えやすいのは、商品の特徴＝ベネフィットではないということです。ベネフィットとは「商品を使った先にある幸せな未来」です。1つの特徴から複数のベネフィットを生み出すことができます。特徴→メリット→ベネフィットという順に考えていくと、言語化しやすくなります。

【商品特徴からメリット、そしてベネフィットを生み出す文言】

> **「(特徴)」なのでこんな「(メリット)」があり「(ベネフィット)」になれます。**

＜商品紹介の事例＞
（例1）
商品：チタンボトル

特徴1：軽量なチタン素材
メリット：持ち運びが楽
ベネフィット：キャンプなども持ち運びが楽で、疲れが軽くなります。

特徴2：耐久性に優れたチタン製
メリット：錆びずに長く使える
ベネフィット：長期間の使用でも品質が保たれ、コスパ良く一生使えます。

（例2）
商品：スマートウォッチ

特徴1：心拍数測定機能
特徴2：スリープトラッキング
特徴3：音楽ストリーミング
特徴4：GPS機能
特徴5：防水設計

ベネフィット1：運動強度を適切に管理し、効率的なトレーニングが可能になります。

ベネフィット２：睡眠の質を把握し、健康維持・向上に役立てることが
　　　　　　　　　　できます。
　　ベネフィット３：ジョギング中でもお気に入りの音楽を楽しむことがで
　　　　　　　　　　きます。
　　ベネフィット４：迷うことなく目的地へのルートを辿ることができます。
　　ベネフィット５：雨の日やプールサイドでも使用することが可能です。

❺ 本文を作成する

　本文の目的は、商品の魅力を最大化させてお客様に「欲しい」と思って
いただくこと。そのためにはなるべく難しい表現は避けて、スラスラ読み
進めていける文章にしましょう。商品の細かいスペックなどは商品仕様の
欄に書きますので、ここで重要なのは商品の売り込みにはならないよう、
ストーリーにしていくことです。

「この商品はこんなに便利な機能があって画期的です。さあ、買ってくだ
さい！」

　……ではなく、お客様の悩みに寄り添うように、購入すれば「（今の生
活よりも）もっと便利で豊かな生活が待っている"」ことを伝えていきま
しょう。

　下記は一例ですが、このように寄り添って書き進めていきましょう。

「私はこんな悩みを抱えて生きてきました。あれもこれもといろいろと試
してみたけれど全然解消されませんでした。長年に渡り苦しみ続けてきた
挙句、遂にこの商品に出合ったんです。それからは嘘のように解消され
て、幸せな生活を送ることができるようになりました。こんな便利な商品
をぜひ多くの方に広めたいと思っています！」

　書くときは最初からクラファンサイトの編集ページ上で書き進めず、ワ

ードなどに画像も入れ込みながら下書きを進めていくのがコツです。そして一気に書き上げて、後から推敲していきましょう。最後に全体の流れを確認しながら微調整します。完成したら第三者に確認してもらい、わかりにくい点を指摘してもらいます。

　なおMakuakeはコンセプトを一新し、「クラウドファンディング」ではなく「応援購入」という記載に統一されています。「プロジェクト」や「支援」という言葉も使いませんので注意してください。

❻ 画像や動画を配置する

　原稿ができたら、文章に画像をはめ込んでいきます。本文の画像サイズは、横幅を1000ピクセル以上にします。画像は海外メーカーからいただいた写真素材では足りない場合、カメラマンや撮影代行会社に依頼をします。

　特に最大のウリパートは、見込み客の目を釘付けにするために短い動画のように画像を表示できるGIF画像を用いましょう。素人がスマホで撮影したような画像だと魅力が半減しますので要注意です。できる限り高品質なものを使い、おしゃれさや高級感を出します。

　画像にのせる文字のフォントも、高級感や世界観が変わってきますので、商品のキャラクターによって使い分けましょう（ブロック体と筆記体・明朝体とゴシック体など）。

　私たちは商品の魅力や素晴らしさを熟知していますが、初見のお客様は最初の印象で商品をイメージして購入判断をしますので、イメージに直結する画像クオリティは重要です。

【イメージ画像専門サイト】

・無料サイト

　どちらも商用利用可能なフリー素材サイトです。

photo AC　https://www.photo-ac.com/

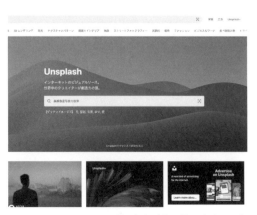

Unsplash　https://unsplash.com/ja

・有料サイト

　商用利用可能な1億点を超える素材（写真、イラスト、ベクター画像）を提供するストックフォトサービス。

Adobe Stock　https://stock.adobe.com/jp/

YouTube で学ぶ！

Makuake の担当者と対談！　多くの方に応援されるページの作り方
https://youtu.be/8oOM-ix2I0w?si=I4HIJps4NgrfC7Fw

クラファン物販では
商品そのものがリターンになる

☑ 成功につながるリターンの設計のポイント

　クラファン物販では、商品そのものがリターンになります。割引を設定して、一番早く購入してくれた人が、もっともお得に手に入るように設計します。それによって初動の売上が見込めます。

・リターンの数を増やしすぎない（7個程度がベスト）
・超早割→早割→先行販売価格と割引率を下げていく
・2個セット、5個セットなどの複数セットも作っておく

【割引の事例】
・超早割：30% OFF
　→初動効果（スタートダッシュ）を狙うための広告費とみなして利益度外視で設定します。
・早割：25%OFF
　→超早割で買えなかった人が購買意欲をなくさずに買える割引率にします。
・先行販売価格：20%OFF
　→クラファンでの実質販売価格です。

　複数セット
・超早割（複数セット）：35% OFF
・早割（複数セット）：30% OFF
・先行販売価格（複数セット）25%OFF
　→まとめて購入する人やプレゼント需要を狙った割引設定です。セットのほうが1個口よりもお得感が出るようにします。

【リターン画像の例】

	**＜超超早割のリターン画像例＞** ・リターンで提供する商品の写真 ・割引率（％）や金額（○○円OFF） ・個数（限定数） などをしっかりと表記する
	**＜複数セット割のリターン画像例＞** ・複数セットは、単品購入よりもお得に（割引率を高く）設定して購買意欲に訴えかける
	**＜関連商品のリターン画像例＞** ・関連商品（付属品など）もリターンに盛り込んでクロスセル（追加購入）を促して顧客単価を高める

　貿易ビジネスでは、自分で販売価格や定価を決められますので、初めから割引販売を前提に設計していきます。なお消費税と送料は込みで表記します。

　リターンの内容や構成は、とにかくわかりやすく明確にしましょう。本体だけでなく、付属品やカラーバリエーションを記しておきます。構成がわかりづらかったり、複雑になってきたりすると、離脱率が上がり購買率が下がっていきます。値付けのコツは一番安いリターンを少なくして、順に人数を増やしていきます。見込み客を集めるプレローンチなどを仕掛ける場合は、「何個売れたら販売総額はいくらになるのか？」などをシミュレーションしながら設計を考えます。

☑ リターンのお届けは余裕を持つ

　リターンのお届け月は余裕を持って設定します。特に輸入商品では海外

からの納品が予定通り進まず、遅れることも想定されます。お客様からのクレームでもっとも多いのは配送遅延ですから、できる限り注意して約束した納期にお届けできるように尽力すべきです。万が一、約束した納期が遅延してしまう場合は、状況を説明して丁寧に謝罪しましょう。

☑ 高額な商品を販売する方法

高額な商品の販売においては、まずその商品が提供する価値を明確に伝えることが重要です。お客様が「高い！」と感じるのは、その価格に見合うだけの価値が感じられないからです。私の場合は、5万円以上の商品を高額商品と位置づけ、下記の点を意識してページを作っていきます。

❶ ペルソナ（人物像）を明確にする

高額商品になればこそ、お客様が誰なのか、どんな価値観を持たれているのかを熟知する必要があります。実際に購入してくれそうな方に意見を聞くのは大変有効な手段です。

❷ 価値をしっかりと伝える

人物像を明確にした上で、その商品がどのようにお客様の生活を改善したり、どんな独自の特徴やベネフィットがあるのかを明確に伝えます。デザインやブランド価値、快適さや効率性など、そこにしかない価値を強調して伝えます。

❷ 権威者や専門家からの推薦コメント

実際に商品を使用した人々の体験談や、その製品によってどのような問題が解決されたのか事例を示します。特にその商品の分野の権威者や専門家からの推薦コメントがあると説得力が増します。

❸ 限定性や希少性を高める

限定版や特別なデザインなど、他にはない希少性を打ち出すことで、商品の価値をさらに高めます。お客様にとって「自分だけの特別な商品であ

る」という一種のステータスとなります。

❹ アフターサービスや保証の充実

　保証期間の延長や、修理やメンテナンスサービスを提供することで、お客様は高い価格を払うことに対する安心感を持ちます。

　これらの戦略を組み合わせることで、高額商品の販売はより効果的になり、お客様が商品の価値を認識しやすくなります。重要なのは、お客様にとっての価値を明確にし、その価格が正当だと納得させることです。

海外商品の販売ページ作成時の注意点

☑ 海外輸入品は「ローカライズ＝意訳」する

　ここまでプロジェクト作成の基本をお伝えしました。次に海外商品に特化したプロジェクト作成のノウハウをお伝えします。

　アメリカのクラウドファンディングKickstarterやIndiegogoで販売されていた商品の場合、同じ構成で日本語訳をすればページを作れますが、日本人の感性や価値観に合わせた見せ方や伝え方が必要です。文章だけでなく、商品本体やパッケージ、説明書、アプリなども日本語にわかりやすく翻訳したものを用意しましょう。

☑ トラブルを避ける７つのポイント

　海外商品かどうかにかかわらず、製品に関して具体的な記載がない限り、ユーザーは無意識のうちに製品の良いイメージを膨らませてしまうものです。

　ユーザーの手元に届いてから「イメージと違う！」と思われないよう、誇張表現せず、リスクも明記したうえで、事実に沿った正確な情報を記載しましょう。

❶ 輸入製品のプロジェクトと明記

　まず、総代理店となった場合は、輸入製品のプロジェクトとわかるよう正規代理店である旨を含めて、ページ冒頭、またはワンスクロール以内に明記します。

> リターン品の配送が完了するまで、
> CARPEDIEM INC.はWALDHOFFの日本における
> 独占販売権を有する正規代理店です。
> 詳細に関しては、ページ下部のリスク＆チャレンジをご確認ください。

❷ プロダクトの特徴（推しポイントを明確に記載する）

　新規性（何が新しいのか）や製品の推しポイントやユニークな点、特徴を記載しましょう。ポイント①、ポイント②など箇条書きで記載すると、サポーターに製品の特徴をわかりやすく伝えることができます。

例：今回の「○○」はハイスペックな○○を搭載したにもかかわらず、この小ささを実現しました。
ポイント①ポケットに入る極小サイズを実現。簡単に持ち歩けます。
ポイント②カラーバリエーションも豊富。カラーを5種類用意しています。

---

❸ 実行者紹介（輸入しようと思った理由）

　これまでの活動や実績など、実行者の自己紹介を記載しましょう。加えて「なぜ、この製品を輸入しようと思ったのか」「どのようにこの製品と出合ったのか」といった経緯も書きます。また、こちらにも製品の正規代理店である旨を明記します。

例：中国のスキャナーメーカー Comet で開発されたポータブルスキャナーが、日本正規輸入代理店をたてプロジェクトを立ち上げました。
　　Do Trading は GP1080A の正規輸入販売代理店として、心を込めて商品を支援者の皆様にお届けいたします。これまで書類のスキャンが必要な際には、コピー機を使ってスキャンをすれば問題ありませんでした。しかし、在宅勤務では自宅にスキャナーがなく、いつもコンビニまでスキャンしに行くことを面倒に感じていました。そのときにこの商品と出合いました。

---

❹ メーカー紹介

　メーカー名と製造国、これまでの実績などを記載して、どういうメーカーがこの製品を製造しているかを紹介しましょう。

> 例：弊社ではこのポータブルスキャナーを「BAOSHARE」のブランド名で展開。2018年以来、弊社の製品は中国の主要ネットモール（JD、TMall、Alibaba、channel）での販売量で長期にわたり1位を占め、そのシェアは50%を超えています。

❺ プロジェクトに関する情報

　正規代理店が販売する輸入製品であることに加えて、このプロジェクトから製品を購入するメリットをわかりやすくユーザーに伝えます。

プロジェクトに関する情報

・プロジェクトの属性：輸入商品

・代理店によるサポート：「国際保証」2年+国内アフターサポート体制（共栄産業様）

・実行者（国）：日本

・企画国：ドイツ

・製造国：ドイツ

---

❻「リスク&チャレンジ」の記載

「リスク&チャレンジ」とは、プロジェクトを実行するにあたってのリスクと、実行者の挑戦が書かれている欄です。

※並行輸入品が発生する可能性があります。正規以外での個人輸入等は、完全に防ぐことができない場合がございます旨、予めご了承のほどお願いいたします。

※リターン品の配送が完了するまで、CARPEDIEM INC.はWALDHOFFの日本における独占販売権を有する正規代理店です。並行輸入品が発生する可能性がございますが、並行輸入品には正規代理店による製品サポートを受けることができません。
また、正規代理店を通じて購入することで、日本国内での流通に必要な各種認証の取得や、関税の適切な処理が担保されます。

※一部国内に類似商品が出回っている場合がございます。弊社では他社の類似品に関

してのお問い合わせには対応できませんのでご了承ください。

※使用感などに関しては、感じ方に個人差が予想される製品でございます。そのため、使用感等に関する返品・返金はお受けいたしかねます。

※初期不良以外に関する返品・返金はお受けいたしかねます。

※デザイン・カラー・素材などの仕様が一部変更になる可能性がございます。

※モニター環境によって、画像の色が実物と異なって見える場合がございます。

※応援購入の数が想定を上回った場合、製造工程上の都合等により出荷時期が遅れる場合がございます。

※皆様から想定を上回る応援購入を頂き、量産体制を更に充実させることができた場合、一般販売価格が予定価格を下回る可能性がございます。

※本文中に記載させていただいたスケジュールは、あくまでプロジェクト公開時点の予定です。応援購入の性質上、配送遅延のおそれがございます。原則として、配送遅延に伴う応援購入のキャンセルはできませんが、リターン配送予定月から6ヵ月を超えた場合には、希望者に限りキャンセルにて対応させていただきます。

以上の注意点につきましてあらかじめご理解とご了承いただいた上で応援購入くださいますよう、よろしくお願い申し上げます。
最後に、本製品を手に取った皆様に喜んでもらえるよう、チームメンバー一同心を込めて対応していきますので、応援よろしくお願い致します。

❼「仕様」の補足事項

技適マークの取得が必要な製品は、取得済みである旨を記載しましょう。アプリが必要な製品の場合、実機テストが行われたスマートフォンやパソコンの機種、OSを詳しく記載しましょう。

本文やリターンに入る画像から、製品のデザインや色などが変わる可能性がある場合には次の文章を必ず記載しましょう。

> 例：※製品のデザインや色は変更になる可能性があります。ご了承ください。

第5章

1000万円超えのための
クラファン物販
マーケティング

プロジェクトを成功させるための秘訣

☑「スタートダッシュ」と「実行者自身の発信」が重要

本章ではプロジェクトを成功させるためのマーケティング術をお伝えします。クラファン物販で大切なのは「スタートダッシュ」と「実行者自身の発信」です。まずは「初日に目標金額の30%を達成」を目指しましょう。

> いかに最高のスタートダッシュを切れるかが鍵！

ここで言う目標金額とは、プロジェクト達成のための目標金額＝表目標ではなく、最終的に目指したい目標金額＝裏目標です。表目標の金額は、早めに達成率をあげるために戦略的に低めに設定しておくケースが多いです。

例）目標金額：10万円 ／ 裏目標金額：500万円

〈 プロジェクトを成功させるためのコツ 〉

スタートダッシュ！

実行者自身の発信

実行者自身の発信にはSNSの活用、テレビや雑誌、ウェブメディアなどに向けたプレスリリース配信、活動報告などがあります。

☑ クラファン物販のサイクルをつかめ

　クラファン物販のプロジェクト期間は、1〜2か月で設定することが多いです。あまり長くしても支援総額はそれほど変わりません。

　プロジェクト期間を大きく分解すると3つのステージに分かれます。「スタートダッシュ」「中だるみ」「ラストスパート」です。各ステージの特徴をつかみ、戦略的に仕掛けていきましょう。

〈 プロジェクト期間のサイクル 〉

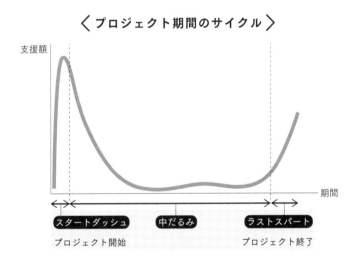

　上図のとおり、「スタートダッシュ」期がもっとも多くの支援・購入を集めやすいです。特に開始初日はもっとも売れやすい傾向にあります。その後、売上は徐々に落ち、「中だるみ」期と呼ばれる低迷期に入ります。そして終盤の「ラストスパート」期になり、検討をしていたお客様が購入して終了となります。この流れはどんなプロジェクトでも、どのクラファンサイトでも一貫して見受けられ、プロジェクトが成功でも失敗でも同じような推移になることが多いです。それでは、各ステージでの戦略を見ていきましょう。

❶ スタートダッシュ

クラファン物販でもっとも重要な時期がスタートダッシュです。特にプロジェクト開始3日間が大事です。スタートダッシュがうまくいくと、その後の伸びも勢いを増していきます。逆にスタートダッシュに失敗すると、中だるみ期以降で挽回していくのはなかなか難しいです。

なぜスタートダッシュが大事なのかといえば、「行列のできるラーメン屋戦法」とも呼ばれる「バンドワゴン効果」が期待できるからです。端的に言えば、人は売れているものが良いものだと感じる心理現象があり、クラファンのユーザーも、支援が集まっている人気商品を買いたくなります。

それだけではなく、クラファンサイトでもトップページの「今日のランキング」に掲載されるとアクセスが集まりやすくなり、ニュースレターにも取り上げてもらいやすくなるので、ますます支援・購入が集まりやすくなるスパイラルに入っていくことができます。

このスタートダッシュを成功させるためにもっとも効果的な施策が「プレローンチ」で、「プレスリリース」「メディア掲載」「SNS無料プレゼントキャンペーン」なども有効です。

〈 成功のための効果的な施策 〉

プレローンチ　メディア　プレスリリース

❷ 中だるみ

スタートダッシュ効果の薄れる「開始1週間前後から、終盤のラストスパートまで」が中だるみ期になります。文字通り、もっとも支援を集めにくい時期です。プロジェクト実施期間の中でも大半を占める時期ではありますが、さまざまな打ち手で「第2のヤマ」「第3のヤマ」を仕掛けてい

くことで支援を伸ばしましょう。

　具体的には「広告」「SNS拡散」「YouTube紹介」などが効果を見込めます。ただし有料広告を打ちすぎると費用対効果が悪くなり、いつのまにか赤字に転落してしまう危険性も孕んでいるので注意が必要です。

〈 広告は費用対効果を考える 〉

❸ ラストスパート

　プロジェクト終盤のラストスパートでは、「これを逃したらもう手に入らないかも……」と印象付けるようにします。特に以前プロジェクトページに来てくれた人は、購入するかどうかを悩んでいる可能性があり、一度ページに来てくれた人に表示される「リタゲ（リターゲティング）広告」や、SNSや活動レポートで「残りあと◯◯日で終了です」と発信をしていくことで、駆け込み需要を狙えます。

〈 駆け込み需要を狙おう 〉

プレローンチで売上の最大化を狙う

☑ プレローンチでロケットスタート

　プレローンチとは、事前集客のことです。クラファンを開始する前に、あらかじめ見込み客を集めて商品を知ってもらい、クラファン開始と共に一気に購入していただく手法です。

　プレローンチの目的は、スタートダッシュを成功させて売上の最大化を狙うため。具体的には、公式LINEやメールアドレスを登録してもらい、できるだけ多くの見込み客リストを集めます。

【プレローンチの目的】

・SNS（Facebook＆Instagram）広告で商品に興味を持ってもらう

・ティザーページを見てもらい、商品をより知ってもらう

・LINEやメールアドレスを登録してもらう

・商品の情報を伝えて、プロジェクト開始まで気分を高めてもらう

・もっともお得なリターン価格で購入してもらうために、開始日を伝えて購入の準備をしてもらう

　それでは、プレローンチ方法をお伝えする前に、使う用語を解説します。

【知っておきたいプレローンチ用語集】

・ティザーサイト：予告サイト

・LP：ランディングページ、着地させるページ

・CPA：Cost Per Acquisition、リスト獲得単価

・CPC：Cost Per Click、クリック単価

・CV：Conversion、転換、獲得。LINEやメール登録者獲得の成果

・CVR：Conversion Rate、転換率、獲得率など

・PV：Page View、ページ閲覧数、延べ数

・フリークエンシー：1人当たりの表示回数

・エンゲージメント：広告や投稿に対するリアクション（いいねやコメントなど）

☑ 申請したらプレローンチの準備を進めよう

申請してから審査を経て、プロジェクトが開始になるまでは、1か月から1か月半かかるので、その間に準備を進めていきます。

【プレローンチの準備】
・クラファンプラットフォームに申請
・LINE公式アカウントの設定
・ティザーLPの制作
・広告の設定

広告配信期間は、3～4週間がベストです。あまり期間が長いと、前半で登録してくれた見込み客が興味を失ってしまう場合がありますので注意です。

プロジェクト開始が近づいてきたら、「2週間前」「1週間前」「3日前」「前日」「当日スタート直前」という感じで登録してくれたお客様にLINE配信をしていきます。

このLINE配信は、プロジェクト開始後も「おかげさまでMakuakeでの目標金額を達成しました！」などの情報を発信して、お客様とのコミュニケーションを深めていきます。

【プレローンチの流れ】
・LINE公式アカウントを作る
・ティザーLPを作る
・Facebookページ＆Instagramページを作り、Metaビジネスマネージャの設定をする
・Meta広告を出す
・LINEやメール登録者にクラファン開始の事前通知を行う

・プレスリリースを配信する

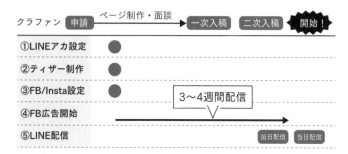

〈 申請から開始までの期間 〉

☑ あらかじめLINE公式アカウントを作っておこう

LINE公式アカウントとは、通常に使っているLINEのビジネス版です。認証アカウントと非認証アカウントがありますが、非認証アカウントでも問題ありません。

LINE公式アカウントは、配信が1000通を超えると有料になるので、最初に無料で登録して登録者数が500件を超えたあたりを目安に事前にアップグレードしておくと、プロジェクト開始直前に慌てなくてすみます。

https://www.linebiz.com/jp/

☑ ティザー LPの目的と作り方

　ティザー LPとはプロジェクトページの簡易ページです。ティザー LP は商品を購入していただくのが目的ではなく、商品に興味を持っていただき、LINEに登録して、プロジェクト開始まで楽しみに待っていていただくことが目的です。ここではまだ販売価格（リターンの価格）をお伝えする必要はありません。

　LP作成は、ペライチやWIXなど無料でホームページが作成できるツールで作ります。理想はWordPressで構築してドメインも取得することですが、コストもかかり難易度も上がりますので、初心者は無料サービスで十分でしょう。

ペライチ https://per A I chi.com/

WIX https://ja.wix.com/

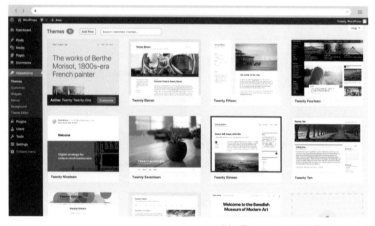

WordPress https://WordPress.com/ja/

　ティザー LP 内に LINE 登録ボタンを設置します。ボタン周りにはプロジェクトの開始日や早割価格なら最大○○％オフでお得に買えることなどメリットを示して登録を促しましょう。

❶ 第一印象で決まる（ファーストビュー）

　お客様はSNS広告などでティザーLPに来てくださるのですが、最初の印象がとにかく重要です。最高の画像や動画とキャッチコピーでお迎えしましょう。ファーストビューの印象が悪いと離脱してしまいます。

「お待ちしておりました！　あなたのために最高の逸品をご用意しました！」

　こんなマインドセットで作り進めてください。

〈 ファーストビュー 〉

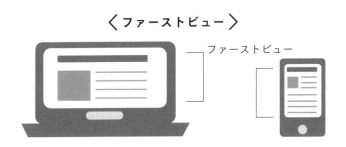

ファーストビュー

❷ お得感を強く打ち出して期待感を高める

これはリターン設計にも関わる部分ですが、なるべく大きめ（40〜30％）の割引を入れてインパクトを出したほうが反応は良くなります。お得感やメリットがないとお客様はわざわざ登録してくれません。

> 【LINE の割引例】
> ○月中旬より販売開始！
> 今LINEで友だちになると、
> 最大30％ OFFで購入できるチャンス!!
> お得な優先案内をお知らせします。
> ぜひご登録ください。

❸ 画像中心で文字は少なく

スマホで見るお客様が8割なので、制作するときには必ずスマホで視認性を確認するようにします。その際、なるべく「文字は少なく」「画像中心にする」を心がけます。もちろん商品の「こだわり」ポイントはしっかり書いたほうが良いのですが、原則としてお客様は、思っているほど文章を読んでくれないものです。

また、画像データが重いと読み込みに時間がかかるので、読み込み速度も確認して、時間がかかるようなら画像を圧縮して軽くします。視覚的にストレスなく読み進めていけるように作りましょう。

❹ ポイント1〜5で要点を説明する

商品の紹介をダラダラと書き進めていくのではなく、例えばウリが30個ある商品でも、5つくらいに凝縮して簡潔に伝えます。

❺ LINE公式アカウント or メールアドレスを登録してもらう

冒頭と最後にLINE登録ボタンを配置しましょう。フローティングメニュー（画面をスクロールしても追従するメニューボタン）も取り入れて、いつでも登録できるようにしておくのも効果的です。

LINE公式アカウントが一番便利ですが、「LINEに登録するのは嫌だ」という人も数パーセントはいらっしゃるので、メールアドレスの登録フォームも用意しておくとなお良いです。

❻ アクセス解析ができるようにする
　ティザーLPを作成したら効果測定ツールを導入して改善していきましょう。改善することで、リスト獲得単価（CPA）も安くなっていきます。

・Googleアナリティクス　https://developers.google.com/analytics

　Google アナリティクスは、無料でさまざまな解析ができるツールです。ティザーLPでは主にCV（コンバージョン）＝LINE登録者の計測に使います。

　次にヒートマップです。ティザーLPに流入してきたユーザーが、どの部分をどれだけ見ているかを数字で可視化できるツールです。最初は無料で使えるので利用しましょう。数字を見て、修正を加えながら改善をしていきます。有効熟読率は10%以上を目指しましょう。

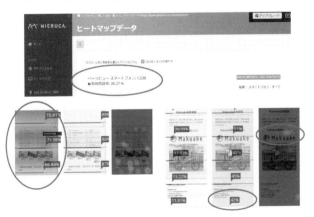

ミエルカ ヒートマップ　https://mieru-ca.com/heatmap/

この事例では、ページの有効熟読率も35％（もっとも見られた場所が72％、ページを最後まで見たのが42％）とかなり高い水準を保つことができ、CPAも150円まで下がりました。

❼ クラファンサイトの登録の仕方を伝える

見落としがちですが、お客様の中にはクラファンサイトで購入したことがない人もいます。プロジェクト開始当日に慌てて登録してうまくいかないケースも想定できますので、事前に会員登録をしていただくように促すと良いでしょう。

☑ プレローンチの公式

LINE公式アカウントの準備ができたら、早速広告を運用していきます。ティザー広告の予算は、裏目標（最終的に目指したい売上総額）から逆算して考えましょう。

例えば、売上総額500万円を目標と設定した場合、初日の目標は全体の30％ですので、150万円となります。そして商品平均単価が1万5000円であれば、初日に100人の支援者が必要になります。

見込み客リストからの購入率（CVR）は10％程度なので、初日に100人の支援を得るためには、最低でも1000人の見込み客が必要です。

リスト獲得単価（CPA）が平均250円だとすると、新たに1000人の見込み客を得るためには25万円の予算が必要となります。このように逆算していくとティザー広告の予算を計算することができます。

ティザー広告の方程式

裏目標金額（最終的に目指したい売上総額）＝（A）円
初日の目標売上額＝（A）円×30％＝（B）円
必要な見込み客数＝（B）円 ÷ 商品平均単価（C）円 ÷
　　　　　　　　　　　購入率10％＝（D）人
ティザー広告費 ＝（D）人 × リスト獲得単価250円 ＝（E）円
※CVR（購入率）10％、CPA（リスト獲得単価）250円/件にて算出

例）

　商品価格が5000円前後（※）の商品を、最終的に100万円販売したい場合、広告費はいくらになるのか？（※リターン内容により割引率が異なるため）

　裏目標金額（A）：100万円

　初日の目標売上額（B）：30万円（Aの30％）

　商品平均単価（C）：5000円

　必要な見込み客数（D）：600人（B÷（C×10％））

　ティザー広告費（E）：15万円（D×250円）

　このように、概算ではありますが、希望する売上を作るための広告予算や必要な見込みリスト数が可視化されます。ただし、これらはあくまでも理論値であり、実際には商品の魅力や販売価格、ページの訴求力、その時期の広告単価などの要因が絡み合ってきますので、ひとつの目安としてお考えください。

 「プレローンチ文章テンプレート集」

プレスリリースを活用して
メディアに拡散させよう

☑ プレスリリースの効果的な使い方

プレスリリースとは、新製品や新サービスなどの情報を、メディアを通じて広める手段です。第三者のメディアを通じて認知を広げていくことが目的となります。

クラファン物販でも、この方法は有効です。特にスタートダッシュや中だるみ期間などを狙って利用すると効果的です。プレスリリースを送るためには、「PR TIMES」や「@Press」といったサービスがあります。サービスは有料ですが、使用頻度に応じて料金プランを選べます。

PR TIMESは毎月定額のプランを、@Pressはチケット制（回数券）を提供しています。さらにPR TIMESでは、法人設立から2年間、月1件・累計10件までは無料でニュースリリースを送ることができるスタートアップ特別プランもあります。ぜひ活用してみてください。

PR TIMES スタートアップ特別プラン　https://prtimes.jp/startup_free/

世界を圧倒する別格の存在感。僅か18日間で3,000万円を突破！！
ドイツ製本格派トゥールビヨンの腕時計ブランド
「WALDHOFF（ヴァルドホフ）」日本初上陸。

エシカルな手巻き腕時計の最高峰 "トゥールビヨン" をデイリーユースで

株式会社トライディアは、腕時計ブランド「WALDHOFF」を1月9日（土）よりクラウドファンディングサイト
「Makuake」で公開。
支援開始から約24時間で1,000万円を達成し、その後わずか18日間で3,000万円を突破しています。

☑ 広告とプレスリリースとの違いは？

　広告は、企業がお金を出して恣意的に商品やサービスをよく見せようとしていることを、消費者は意識しながら目にしています。つまり信用されていない場合が多いです。

　これがプレスリリースになると、メディアの記者がニュース記事にした情報を目にするので、より客観的な形で文章が読まれる分、信頼度が高まる効果があります。

　プレスリリースを出すことで、テレビや新聞、雑誌、Webメディアなどに取り上げられるケースも多々あります。先日も私の生徒の商品が、日本テレビの朝の情報番組で冒頭8分間も取り上げられ、売上が一気に8倍になりました。うまく活用できれば大きな販売拡大のチャンスにつながります。

巻末特典 「プレスリリース文章テンプレート集」

少ない予算で効果あり!?
お得なキャンペーン

☑ 無料キャンペーン

　プレローンチで有料ティザー広告を出稿するのがもっとも効果的ではありますが、そこまでの資金が用意できない人は、SNSでプレゼントキャンペーンを実施しましょう。本人のアカウントでなくても事業アカウントで良いので、X（旧Twitter）やInstagramなどでプレゼントへの募集を呼びかけます。

【X（旧Twitter）プレゼントキャンペーンの例】

SilverAnt日本（公式） ✅
@silverant_japan

プレゼントキャンペーン🍺

海外キャンパー愛用ブランド⛺
シルバーアント
「純チタン結晶化ビアカップ」
フォロー＆RTで1名様に1つプレゼント🎁
ご応募お待ちしております。

【応募方法】
①@silverant_japanをフォロー
②この投稿をRT（6/10 23:59迄）
③当選者にDMでお知らせ

午後6:00 · 2023年6月1日 · **11.7万** 件の表示

【応募方法】

1）アカウントのフォロー
2）このポストをRP（リポスト）

【Instagramモニターキャンペーンの例】

silverantoutdoors_japan ...

いいね！: shimada.hpc、他
silverantoutdoors_japan モニター募集キャンペーン🥢

ーーーーーーーーーーーー
純チタン99.7%以上
『結晶化ビアカップ』2個セット
ーーーーーーーーーーーー

販売開始に先駆けて
商品の使い心地をレビューいただける
モニターを"1名"募集いたします！

熱と圧力で時間をかけて
唯一無二の輝きを放つ
結晶化チタン

これからの季節にぴったりな
『結晶化ビアカップ』が上陸します！

ウルトラ軽量で
持ち運び便利なメッシュポーチ付！
冒険に連れ出してくれるモニターさんを募集します

【キャンペーン期間】
2023.6.2 〜 2023.6.10 23:59 まで

ー 応募方法 ー

① @silverantoutdoors_japan をフォロー
②この投稿にいいね！
③商品をどのようなシーンで使いたいかをコメント

※既にフォロワーの方もご応募いただけます

— 募集人数 —

1名

— 応募条件 —

・Instagram公開アカウントの方
・日本国内にお住まいの方
・商品のレビューをご投稿いただける方
・使用感のお写真の撮影いただける方

— 当選のご連絡 —

・応募締切後、当選者様には
@silverantoutdoors_japan
のアカウントより DMでご連絡いたします

・ご返答期間内にご連絡が取れなかった場合、
当選は無効となりますので予めご了承ください

———————

キャンパーの方から初心者の方まで！
皆さんのご応募お待ちしております🖐

+++++

高純度99.7％純チタン
究極のキャンプギア

@silverantoutdoors_japan
のアカウントより DMでご連絡いたします

・ご返答期間内にご連絡が取れなかった場合、
当選は無効となりますので予めご了承ください

———————

キャンパーの方から初心者の方まで！
皆さんのご応募お待ちしております🖐

+++++

高純度99.7％純チタン
究極のキャンプギア
@silverantoutdoors_japan

+++++
#モニター募集 #モニター募集キャンペーン #
キャンペーン #モニター募集中 #プレゼントキ
ャンペーン #プレゼント企画 #チタングッズ #
チタンカップ #キャンプギア #titanium
#silverant #シルバーアント #キャンプ好きな
人と繋がりたい #キャンプグッズ #チタン食器
#チタン製品 #キャンプ飯 #キャンプ #女子キ
ャンプ #キャンプ女子 #ファミキャン #キャン
プ初心者 #ベランピング #チタンマグ #アウト
ドアギア #チタンビアカップ #結晶化チタン
コメント 95件をすべて見る

　ただし、あくまでも無料で行う施策となるため、プレゼント欲しさに登
録するライトユーザーが多く集まり、結果的にあまり売上にはつながらな
いケースも多いです。

　それでも大きく拡散されることは間違いありませんので、ブランドの認
知拡大や顕在的なファンの獲得につながります。まさにブランドを育てて
いくための一環になります。

ついにプロジェクト公開！

☑ LINEだけでなくSNSでの告知もスタート

　複数回にわたるプラットフォームの審査を経ると、いよいよ公開日が確定します。事前集客を行っている場合は、お客様に公開日時をお知らせしましょう。

　SNSでどんどん発信をしていきます。まずは家族、身内、友達に向けて支援・購入を募ってみましょう。最初は興味がなかった人でも、熱心に投稿を重ねることで応援してくれるようになっていきます。どうしても応援・支援してほしい人には、DM（ダイレクトメッセージ）で購入をお願いするのも効果的です。

> 【LINE告知文の内容】
> ・LINE登録のご挨拶
> ・プロジェクトの開始日時
> ・商品の開発ストーリー
> ・商品のこだわり
> ・販売状況
> ・メディア掲載のお知らせ
> ・アンケート
> ・質問と回答

【LINE告知文の事例】

LINE登録のご挨拶

Hideaki Otake | 大竹秀明さん

WALDHOFF（ヴァルドホフ）の
世界へようこそ。

本アカウントでは、
LINE限定スペシャルコンテンツ
や
新作情報をお届けします。

どうぞお楽しみに！

▼Instagramでは商品情報を詳し
くお届けいたします

7:23

Thank You

サイト事前登録促進の例

Makuake OPENING SOON

明日【2/18（土）昼12:00】
ついに WALDHOFF
[QUANTUM]
[Continental S]
先行予約販売がスタートします。

応援購入サービス
「Makuake（マクアケ）」
での限定発売です。

ご購入ご希望の方は
①Makuake会員登録を
事前にお済ませ頂くと便利です
https://bit.ly/3ncRyhC

②2月18日（土）昼12:00前に、
スタンバイください

21:45

これまでに予想を遥かに超える皆
さまよりLINE&メルマガ登録をい
ただいております。
そのため、キャンペーン開始直後
はお申し込みの殺到が予想されま
す。

↓

プロジェクトの開始日時の例

Makuake OPEN!!

―――――――

本日2月18日(土) 12:00 公開！

世界を魅了する煌びやかな風格
ドイツ製本格派トゥールビヨン

WALDHOFF
[QUANTUM]
[Continental S]

まもなくMakuake登場です。

■――――――――■

【Makuake販売ページ】
https://www.makuake.com/
project/waldhoff-japan-03/?
utm_source=line_cur_product_
waldhoff-
japan-03&utm_medium=sns&u
tm_campaign=line&utm_conten
t=waldhoff-japan-03
※12:00にページが有効となりま
す。

■――――――――■

皆さまのご支援を心よりお待ちし
ております。

Makuake | 【ドイツの本格…
※リターン品の配送が完了するま
で、WALDHOFF_JapanはWA…
11:50

販売状況の例

【応援購入総額900万円突破】

皆さまのご支援のおかげにて、
目標金額を公開後、わずか5分間
で達成することが出来ました。

さらに、現在の応援総額
9,632,060円と、大変多くの反響
をいただいております。 21:45

WALDHOFFへの熱い応援に
感謝の気持ちでいっぱいです。

開始を心待ちにしていただいた皆
さま、ご購入いただきました皆さ
まには、改めて御礼申し上げま
す。

誠にありがとうございます。

スタッフ一同、頑張って参ります
ので、引き続き、WALDHOFFへ
の熱いご支援をよろしくお願い申
し上げます。

▼画像タップでMakuakeを見る 21:45

メディア掲載のお知らせの例　　**商品のこだわりの例**

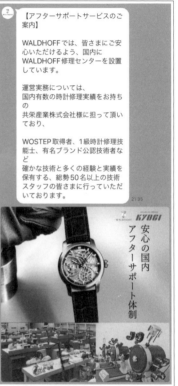

　開始日時まで、気持ちを高めていただくよう商品の特徴やこだわりなどを小出しにしながら、お客様の期待を膨らませていきましょう。より購入意欲が高まっていきます。

　開始日時になったら、自分で「公開する」のボタンを押します。すると「Congratulations」の画面が表示され、プロジェクトがスタートします。まさに一番ドキドキする瞬間です。

☑ スタートダッシュで走り抜ける

これまでのプレローンチでLINEリストもしっかりと獲得できている状態ならば、スタートダッシュは成功したも同然です。まずはLINEの見込み客が「超超早割」などのお得なリターンを購入してくださることで売れている感を演出でき、勢いのあるプロジェクトとして認識され、バンドワゴン効果でより周りのユーザーも集まってきてくれます。

同時にトップページ掲載やニュースレターに取り上げていただくことでささにアクセスが集まり、購入が購入を呼ぶ状態の好循環を作り出せます。「活動報告」の投稿も忘れず進めていきましょう。

☑ 「活動報告」はお客様への手紙

活動レポートとは、プロジェクト実行者からサポーターに対して、最新状況などのアナウンスを行える場です。プロジェクト開始後は活動報告を通じて購入してくださったお客様とコミュニケーションを図っていきます。

クラファン物販ではリターン商品のお届けまで数か月待っていただく場合が多いので、定期的に活動報告を更新することで購入者の方々に安心し

ていただけます。

　同時に購入を検討してくださっているお客様に安心感を与え、購買意欲を刺激することにも繋がります。更新頻度は1〜2週間に1度くらいが程良いでしょう。

【活動報告の内容】
・感謝を伝える
・開発秘話や特徴
・メディア露出情報
・達成報告や意気込み

【活動報告の事例】

☑ お客様のメッセージから顧客ニーズが可視化される

　応援メッセージはお客様が、購入時にメッセージを残してくれる機能です。

　ここから「なぜこの商品を買ってくれたのか？」という顧客ニーズが可視化され、競合優位性を把握したり、今後の商品開発に活かしたりなど、我々販売者にとって貴重な意見 ＝ 財産となるでしょう。お客様の声として海外メーカーにも共有してあげると大変喜ばれます。

165いいね　　○ 45コメント

yamachan2025

👐 1　○ 1

yamachan2025様 応援購入ありがとう...

井上健

👐 1　○ 1

井上健様 応援購入ありがとうございま...

ゆかゆ

ファイト！

👐 1　○ 1

JankMD

👐 1　○ 1

JankMD様 応援購入ありがとうござい...

尾崎幸一

👐 1　○ 1

尾崎様 応援購入ありがとうございます

菅養治

👐 1　○ 1

南部洋二

👐 1　○ 1

南部様 応援購入ありがとうございます...

Bish愛

👐 1　○ 1

Bish愛様 応援購入ありがとうございま...

みなみです

👐 1　○ 1

Shizuka Kitamura

👐 1　○ 1

Shizuka Kitamura様 応援購入ありがと...

モツクン

👐 1　○ 1

モサヤン様、この度は応援購入いただ...

秋良翠

👐 1　○ 1

プロジェクト実施中「中だるみ期」には どうするべきか？

☑「自主広告」と「プラットフォーム広告」

　プロジェクトが開始して数日が経つと、スタートダッシュの効果も落ち着いてきて、アクセスも集まらない「中だるみ期間」に突入します。ここを防ぐための方法をご紹介します。

　もっとも効果的なのは「有料広告」を出してアクセスを増やすことです。積極的に広告出稿をして、この期間でも売上が伸びるような施策を打っていきましょう。広告の手段は大きく2種類あります。1つ目は「自主広告」、もう1つは「プラットフォーム広告」です。

　自主広告とは、文字通り自分でSNSやGoogle広告を運用することです。広告の運用は経験やスキルが問われるので、広告を運用してくれる会社に依頼するのも有効です。一般的には初期費用＋売上の20％などの手数料で対応してくれる会社が多いでしょう。

　クラファン物販は独特のマーケットでもあるので、できるだけ実績を明示している会社を選ぶことをオススメしています。私が代表の会社でも、圧倒的な実績を背景にクラファン物販に特化した多彩なマーケティングプランを用意していますので、興味がある人はお問い合わせください。

クラファン・スペシャリスト　https://cf-specialist.com/

一方のプラットフォーム広告ですが、例えばMakuakeの場合は、応援購入額70万円以上で掲載が可能となります。2週間で30万円の予算となるので、担当キュレーターと相談をしながら進めていくのが良いでしょう。

　プラットフォーム広告の良いところは、オフィシャルの広告ですのでファン層に商品をアピールできることと、トラッキング計測など行いながら運用してくれるところです。

　また、Criteo広告というリターゲティング広告が使えるのもメリットです。以前にプロジェクトページを訪問してくれた見込み客に対して、Yahoo! JAPANなど別の媒体でも広告が表示されます。「追いかけて刈り取る」という形で、積極的で有効な広告手段として知られています。

〈 広告は有効な手段 〉

☑ インフルエンサーによる商品紹介

　広告とは別に、クラファン実施中の施策としてインフルエンサーに商品を紹介してもらうことも有効です。事前に商品のサンプルを提供して紹介してもらいます。特にクラファン物販に相性が良いのはYouTuberです。

　YouTuberへの報酬はピンキリになるのですが、わかりやすく登録者数によって異なるケースが多く、一般的な基準としては「フォロワー数×単価（1〜5円）」で設定されていることが多く、フォロワー数が多くなるにつれて、単価も上がっていきます。マイクロインフルエンサーと呼ばれるフォロワー数が1万〜10万人だと3万〜10万円で依頼できることが多いです。事務所に所属していないインフルエンサーの場合、商品がもらえるのとブランディングになるため、低価格で引き受けてくれることも十分にあり得ますから交渉してみるのも手です。

　しかしYouTuber選びでもっとも重要なのはフォロワー数よりも「属性」です。フォロワー数が10万人を超えるような人気YouTuberでも、自分の商品に全く関係ないテーマを発信している人だとほとんど効果がありません。過去の動画も参考にしつつ、普段どのような発信をしているかを確認することが大事です。

　また、いくらフォロワー数や属性が申し分なくても、最近全く配信していない人だと思ったような効果が得られないこともあるので、冷静に判断しましょう。基本的にはよく商品紹介を行っているような人の場合、説明が丁寧で視聴者もしっかり見てくれる層が多いので外しにくいといえます。

　インフルエンサー探しから交渉、商品の提供、撮影、完成、公開までは少なくても1か月以上かかりますので、プレローンチの時期には同時並行でないと適切なタイミングで投入できない場合が出てきます。できるだけ早めに動いていきましょう。また撮影した動画は、今後も利用可能かどうかをあらかじめ確認しておきます。

☑ メディアへの記事広告

　最後にメディアの記事広告です。私の会社で扱っているドイツの高級腕時計WALDHOFFなどは腕時計専門誌に有料広告として記事掲載をしていただいています。一般的な広告とは異なり、出版社に記事を書いていただき、見え方も自然に映ります。特に見込み客がコアな層の場合には有効な手段ですので覚えておきましょう。

『POWER Watch』雑誌＆WEB記事（2021年1月29日）

☑ 海外メーカーともコミュニケーションを取り続けよう

　プロジェクトがスタートしたら、終了して発注するまで連絡を取らない……では、せっかく芽生えた関係性が希薄になってしまいます。

　プロジェクトの進捗状況やお客様からの応援コメント、いただいた質問などをしっかり海外メーカーにも共有していきましょう。こまめなやりとりが関係性を育みます。そうすることで今後に何かトラブルが生じた際にも、気持ちよく対応していただける関係性につながっていきます。

　また、SNSやHPで情報発信を行い、ファンを巻き込んでいくことで、その商品がブランド化していきます。ブランド化していくことで、そのメーカーの次の商品もまた売れていくようになります。

　そうやって海外メーカーと円滑な関係性を築いて、新商品も次々と展開していき継続的な売上にもつながります。私たち貿易家は、「海外メーカーのブランドを大事に育てていく」という意識が大切です。

プロジェクト終了後にすべきこと

☑ プロジェクト終了から入金まで

クラファン物販のプロジェクトの推奨実施期間は、1～2か月が多いです。実施期間については、担当者と打ち合わせして決めた日程を設定してください。原則として、設定可能な掲載期間は最大で89日間です。

例えばMakuakeの場合、プロジェクトが終了した月の月末締め、翌々月の第3営業日に、購入総額から手数料を差し引いた金額が入金されます。

〈 入金サイクルを把握しよう 〉

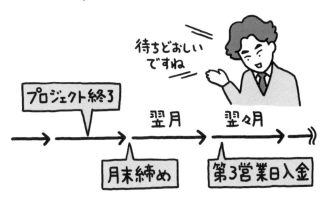

☑ 海外メーカーへの発注

プラットフォームから入金された後は、そのお金を使って海外メーカーに発注を行います。あらかじめ決めた支払い条件に則って海外送金します。在庫があればすぐに手配を進めてくれるでしょう。在庫がない場合は、2週間～1か月の時間をかけて生産されます。

その場合、手付金として発注金額の30%を支払い、商品の完成後に残り70%を支払って、日本へ国際輸送してもらうケースが多いです。

【海外送金方法】
個人：Wiseなど（送金限度額：100万円／回）
法人：NEOBANK 住信SBIネット銀行 / 楽天銀行など
PayPalも場合によっては可能

・Wise　https://wise.com/jp/send-money/
・NEOBANK 住信SBIネット銀行　https://www.netbk.co.jp/
・楽天銀行　https://www.rakuten-bank.co.jp/geo/

　海外から日本へは、航空便（クーリエ）または船便にて国際輸送されます。通関業者さんに輸入手続きを代行してもらいましょう。荷物が日本の港に到着したら税関で関税消費税を支払って、日本国内に入ってきます。
　配送を代行してくれる物流センターや、ご自身の倉庫・自宅などに配送してもらいます。クラファンサイトから購入者リストをダウンロードして、国内配送を進めていきます。

〈 海外メーカーからの輸入の流れ 〉

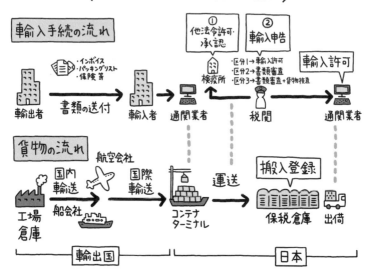

〈 プロジェクト終了から配送完了までの流れ 〉

ステップ	説明
プロジェクト終了	海外メーカーに報告
入金	終了月の翌々月第3営業日に指定の銀行口座に入金 （Makuakeの場合）
発注＆海外送金	海外メーカーに発注、銀行などから海外送金。 在庫がある場合：100％前払い
製造完了	海外倉庫から日本への国際輸入 航空便：2〜3週間で日本に到着
輸入	商品が日本の港に到着。通関後、指定の倉庫などへ到着
検品・梱包	商品検品、発送リスト確認、お礼状の同封
配送	倉庫からお客様へ配送、事前にお客様に住所確認
報告	お客様やクラファンサイトへ報告

※進捗状況は、随時報告をすることで、お客様も気持ちよく待っていてくださいます。

☑ お礼状を入れて満足度アップ

　発送の際には、数か月も待ってくださった購入者様に対して購入の感謝の気持ちを込めてお礼状を同封することで、より満足度を高めていただけるでしょう。

【お礼状の文章例】

　お客様へ
　この度は、私たちの製品を支援していただき、誠にありがとうございます。

　おかげさまでこうしてリターン製品をお送りすることができました。どうかご満足いただけますよう、心から願っております。

　今後も、プロジェクトの進捗状況を定期的にご報告し、皆様にご理

解いただけるよう努めてまいります。

　引き続き、私たちのプロジェクトへのご支援をいただけることを願っております。

　○○プロジェクト一同

☑ 納期は死守しよう

　クラウドファンディングで買い物をするお客様は、商品が届くのが後になることを理解したうえで購入しています。

　たとえば、Amazonなどは翌日に届かないとクレームが出ますが、クラウドファンディングはそもそも支援期間を設けて、その後に商品が発送される仕組みですから、お客様も待ってくれています。

　もちろん、なるべく早めにお届けできるようなスケジュールに設定するべきです。しかし、海外からの仕入れでの遅れはよくあるので、余裕を持ったスケジュールを組んでおくのがいいでしょう。

　お客様に約束した納期に遅れてしまうと、クレームや炎上などトラブルのもとになります。どうしても遅延する場合は、遅れることがわかった時点で支援者の方々には連絡を入れましょう。誠実な対応をすることで、お客様に理解をしていただける可能性が増えます。

おかわりクラファンで
さらに売上を伸ばす

☑ おかわりクラファンに挑戦してみよう

「おかわりクラファン」とは、同じ商品のプロジェクトを別のクラファンサイトでもう一度行うことを意味しています。1回で終わりではなく、他のサイトのお客様にも見ていただけることで取りこぼしが減り、総合的な支援額を伸ばせます。

もちろん、すでに実施しているプロジェクトなので既視感もあり、実際には10～30％の支援額に留まるケースが多いです。しかし、単純に売上を伸ばしたい、在庫を減らしたい場合に販売ページの内容を使いまわせるので手間がかかりません。

おかわりクラファンを実施できるのは、CAMPFIREやmachi-ya、FIRST STEPなどになります。MakuakeやGREEN FUNDINGではできません。

オススメはmachi-yaです。なぜかというと、machi-yaの運営会社は「ライフハッカー」や「ギズモード」などといった大手ウェブメディアを運営しており、machi-yaでプロジェクトを実施すると記事として掲載をしてくれます。クラファン層とはまた違う層に広告費用なしでアピールできるので効果的です。ただし手数料が25％と高めなので、積極的に広告を回していきたい場合には、CAMPFIREでの実施をオススメします。なお、CAMPFIREはおかわりのおかわりができます。

☑ おかわりクラファンでのNG行為

おかわりクラファンを実施する上で、絶対にやってはいけないのは「先に実施したクラファンのお客様の不利益になること」です。つまり先に実施したクラファンでの割引率を上回ってはいけません。

例えばMakuakeで20％ OFFのリターンが最後に残っていた場合、次のmachi-yaでは20％以下の割引率に設定しなければなりません。この

ルールは鉄則ですので、絶対に守ってください。

☑ おかわりクラファン2.0とは？

　ここまでお伝えしてきたとおり、おかわりクラファンとは「手間をかけずに売上を10～30%プラスさせたい」という趣旨のものでしたが、逆に積極的に仕掛ければ先行クラファンの売上に迫ることも可能です。下記は当社のドイツ高級腕時計WALDHOFFの事例ですが、先行したMakuakeの支援総額を、おかわりmachi-yaが超えています。

先行Makuakeプロジェクト　1839万2860円

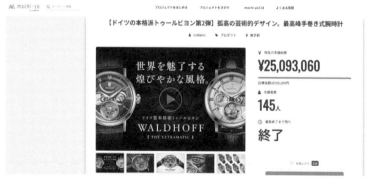

おかわりMachi-ya　3020万1840円を達成

これは何を行ったのかといえば……

・先行Makuakeでは販売しなかったカラーバリエーションを導入した
・おかわり前にプレローンチを実施してリストを増やした
・LINE登録のお客様にも事前におかわりを告知した

ということをやりました。敢えておかわりクラファンを積極的に仕掛けていく「おかわりクラファン2.0」という手法を取り入れて、売上の最大化を目指してください。

くれぐれも、早く買って下さったお客様をがっかりさせるようなことは絶対にしないようにしましょう。「お客様からの感謝があってこその私たち」ということは胸に刻んでください。

YouTubeで学ぶ！

クラファン物販マーケティング徹底解説！
https://youtu.be/43eRl-MWs0c?si=QkRJKKRb_nAR5Kly

＼ 第 **6** 章 ／

クラファンをきっかけにして
物販を大きく
展開するための戦略

クラファン成功後は
本格的な物販に進出

☑ 一般発売のフェーズへ！

　おかわりクラファンのリターンを完了したら、いよいよ一般販売のフェーズに入ります。一般販売はクラファンと異なり、原則として在庫を抱えての販売となりますが、商品やブランドを広めていく大きなビジネス展開ができ、継続的な売上を作っていくことが可能です。クラファンはあくまでもテスト販売やプロモーション、ブランディングの意味合いが強かったですが、ここから本格的な物販ビジネスにつながっていきます。

【一般販売（マルチチャネル販売）】
・ネット販売
・Makuake STORE（※Makuakeでプロジェクトを実施・プロジェクトがサクセスした場合に限る）
・ECプラットフォーム：Amazon・楽天市場・Yahoo!ショッピングなど
・自社ECサイト：D to C
・越境EC ＆ クラファン（欧米・アジア）
・実店舗販売
・B to B（有名店舗）、B to C（小売店）、ポップアップストアなど（デパート百貨店、家電量販店、雑貨専門店、スーパー小売店）

【その他の展開】
・セールスレップ（成果報酬型の営業代行）
・クラファン事業M&A

☑ クラファン物販と一般販売では属性が違う

　これまでお伝えしたとおり、クラファン市場と一般販売市場は属性が異なるので、お客様も購買行動も大きく異なります。クラファンで大きく売れたとしても一般販売でも同様に売れていくとは限りませんし、逆にクラファンではあまり支援・購入を得られなかったとしても、一般販売で成功することは十分にあり得ます。

　新しくて活気的な商品が好まれるクラファンと、みんなが使って評判が良くてコスパが良いものが好まれる一般販売では相性が異なるので、商品によってどこの販路で販売していくのがベストなのか、販売戦略を考える必要があります。時間をかけて大切にブランドを育てながら販売していきましょう。

☑ あなたの商品はどこで販売されるのがふさわしいのか？

　この章では、一般販売についてさまざまな方法をお伝えしていきますが、必ずしも全ての販路で販売しましょうというわけではありません。例えば、AmazonなどのECプラットフォームだけでも良し、あるいはBtoB（卸販売）で全国の有名店舗に卸販売するのも良し。そして『マルチチャネル販売＝あらゆる販路で販売する』のも良し。

　大切なのは、あなたの商品が「どこに並ぶ（販売される）のがふさわしいのか？」ということです。例えば、こだわりの高級品であれば、Amazonで販売するよりも自社ECサイト、実店舗でもスーパー小売店よりデパート百貨店のほうが顧客層に合うでしょう。

　販路が増えればやるべきことも増えるので、無闇に拡大すれば良いものではない、ということは覚えておきましょう。

ネット販売の種類とノウハウ

☑ ネット販売には種類がある

ネット販売の展開には、Makuake STORE、ECプラットフォーム（Amazon・楽天市場・Yahoo!ショッピングなど）、自社ECサイト（D to C）があります。それ以外にも越境EC＆クラファン（欧米・アジア）などもあり、それぞれ特徴が異なります。

自分が扱う海外ブランド商品をどこで販売するのがベストなのかを考えて展開していきましょう。

Makuake STORE

Makuakeプロジェクト終了後に、そのままMakuakeをECプラットフォームとして販売していくことができます。Amazonや楽天市場などの有名ECサイトと比較するとアクセスは少なく、手数料も20%と高めではありますが、在庫を売り切りたい場合にも有効ですし、クラファン実施中に買いそびれたお客様や、終了後にメディアで商品を知ったお客様などもいるので、販売していきましょう。

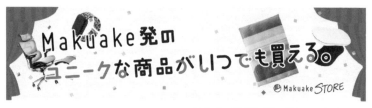

Makuake STORE　https://store.makuake.com

ECプラットフォーム（Amazon・楽天市場・Yahoo!ショッピングなど）

　ネット販売する場合に、まずやるべきはAmazonです。すでに販売アカウントを持っている方は、そのまま商品を登録して販売していくことができます。

　初期費用もかからず月額4900円で自分のアカウントがすぐに作れて、FBA倉庫（Amazonの配送代行サービス）も利用できますので効率よく販売していくことができます。

　ただしAmazonは「安価で高評価 ＝ コスパの良い商品」が売れる傾向にあるので、クラファン向きな新しくて画期的な商品はあまり相性が良くありません。しかしAmazonは日本でも最大のECプラットフォームで集客力が圧倒的なので、多くのお客様にアピールしていくこともできます。

　Amazonでの輸入品の販売や商品ページの作り方、広告のやり方などは拙著『Amazon個人輸入はじめる＆儲ける超実践テク104』（技術評論社）に詳しい解説がありますのでご覧になってください。加えてAmazonが提供している「Amazon出品大学」にて最新情報を学びましょう。

Amazon　https://www.amazon.co.jp

サポート資料

Amazon出品大学

Amazon出品大学は、Amazonへの出品方法を学べる一連の無料トレーニングです。商品の出品情報をよりスピーディに作成したり、主要なツールとアプリケーションを使いこなしたり、商品のルールや制限事項を理解したり、FBA、広告、プロモーションといったさまざまなメリットを活用する方法を理解したりと、さまざまなことを学べます。

Amazon 出品大学　https://sell.amazon.co.jp/learn/seller-university

☑ 楽天市場とYahoo!ショッピング、自社ECサイトなど

　日本のECプラットフォームでもっとも流通額が大きいのが楽天市場です。楽天市場はAmazonよりもショッピングを楽しむ層が多く、販売ページもLP風なのでクラファン向きの商品でも訴求しやすいです。また「楽天スーパーセール」や「楽天お買い物マラソン」などのイベントも多く、商品レビューを積み重ねていくことで着実に売上を伸ばせます。

　ですが、出店審査が厳しく月額利用料が高く（1万9500～10万円）、また販売ページの制作から広告運用、顧客対応から配送まで、やることが多いのがデメリットです。

　一方、Yahoo!ショッピングは楽天市場と似た形のモール型ECプラットフォームですが、初期費用や月額のシステム利用料がかからないのが大きなメリットでしょう。PayPayポイントと連動することで利用者も急増しています。

　しかし「楽天市場の審査には通ったけれどYahoo!ショッピングはNGだった……」という声もあります。楽天とはまた違う基準で出店審査が厳しいです。

楽天市場　https://www.rakuten.co.jp/

Yahoo! ショッピング　https://business-ec.yahoo.co.jp/shopping/cost/

〈 Yahoo! ショッピング 利用手数料 〉

初期費用	無料
月額システム利用料	無料
売上ロイヤリティ	無料
ストアポイント原資負担	1%〜15%（現在1%は必須になります）
キャンペーン原資負担	1.5%は必須になります
アフェリエイトパートナー報酬原資	1%〜50%（1%は必須）
アフェリエイト手数料	アフェリエイトパートナー報酬原資の30%
ストア決済サービス手数料	※決済方法により異なります

https://shopping.yahoo.co.jp/

ECプラットフォーム販売を多販路展開するサービス

前述したとおり、楽天市場やYahoo!ショッピングは魅力的な販路ではありますが、ランニングコストがかさんだり、出品管理が煩雑になったりしてしまいます。

そこでオススメなのが「セールモンスター」や「ハンロプラス」です。

セールモンスターは、商品をAmazon FBA倉庫に納品しておけば、日本の大手8モールに自動的に出品し、販売されたらAmazonマルチチャンネルで自動的に配達してくれるサービスです。

対応モール：楽天市場、Yahoo!ショッピング、au PAYマーケット、ポンパレ、Qoo10、ヤマダモール、ヤフオク、Shopify

ただし各モールのセールモンスターのお店で販売する形になりますので、自分で販売ページを作成したり、細かな調整はできません。ある程度の売上が伸びてきたら、今度は自身で出店すると良いでしょう。

セールモンスター　https://salemonster.jp/

ハンロプラス　https://hanro-plus.jp/

　まとめますと、ECプラットフォーム展開は、**「まずはAmazonに登録・販売をして、セールモンスターで多販路展開。売れてきたら自分のお店で出店する」**というのがもっとも効率が良い流れかと思います。

自社ECサイト（D to C）

　Amazonや楽天といったプラットフォーム販売や卸販売と違い、自分のECサイトを持ち、お客様に直販していくことをD to C（Direct to Consumer）と呼びます。

　プラットフォームを利用しないのでカスタマイズも自由にでき、利用コストがかからないため利益率が高くなるのが魅力的ですが、一方で自社ECサイトは「集客」を自分でしなければなりません。自分でSNSやGoogleなどの広告を回して見込み客を集め、販売をしていく流れになります。

　しかし、販売サイトのカスタマイズが自由自在なのでブランド価値を高めるページを作ることができ、何よりも購入してくださったお客様のリストが蓄積されていきますので、リピート客のLTV（ライフタイムバリュー）を含めたビジネス展開ができることは大きな魅力です。

　自社ECサイトを手軽にはじめるなら「BASE」や「STORES」、本格的に運営していくなら「Shopify」での構築がオススメです。特にサイト

の拡張性や海外展開を視野に入れている場合は最初からShopifyを選ぶのが良いでしょう。

BASE　https://thebase.com/

STORES　https://stores.jp/

越境クラファン（欧米・アジア）

　日本で販売するだけではなく、最近は越境ECのきっかけとして海外クラファンで販売する人も出てきました。商品リサーチの第3章でお伝えした台湾のzeczecやKickstarter、Indiegogoなどです。

　その際の注意点として、私たちは日本での独占販売権を得ているので、勝手に他の国で販売してはいけません。メーカーに確認をしてOKをいただけたら進めます。あくまでもパートナーの立場であることを忘れずに、良好な関係性を築いていきましょう。

　またMakuakeも海外から応援購入ができるMakuakeグローバルという事業を展開していますし、CAMPFIREなど他のクラファンプラットフォームも海外展開サポートに力を入れはじめています。経済産業省も「JAPANブランド育成支援等事業費補助金」という海外展開をサポートする補助金を打ち出すなど、今後ますます積極的な動きになると見ています。

Makuake グローバル https://www.makuake-world.com/

店舗での一般販売テクニック

☑ 店舗販売（B to B）で売上規模拡大を狙う

ここまではネット販売について解説してきましたが、一般販売では店舗で販売していくこともできます。特に全国の有名百貨店・量販店・専門店に自分の商品が並ぶのはとても嬉しいことですし、販売規模が一気に拡がります。

また全国有名店舗で販売されることで、これまでネットでしかアプローチできなかった層にも一気に拡がります。商品のブランディングにもなるでしょう。

せっかく海外の素晴らしい製品の日本代理店になれたわけですから、積極的にチャレンジすることをオススメします。「クラファン実施中に有名家電量販店から営業がきた」という方も多いので、まずは話を聞いてみるのも良いでしょう。

一般的に卸業者は4～6掛けくらい、店舗（小売店）と直接取引する場合は5～6.5掛けくらいが基準になります。例えば販売価格2万円の場合、卸業者には8000～1万2000円、小売店だと1万～1万3000円で販売するケースが多いです。

個人事業や設立まもない法人の場合、有名店舗などとの直接取引は難しいので、間に卸業者を入れることになります。

また、店舗販売をはじめる際には、販売価格を統一する必要があります。例えば実店舗なら1万円で販売している商品なのに、Amazonなどネットで8000円などに値下げして販売すると、卸業者や店舗から直接のクレームになるからです。

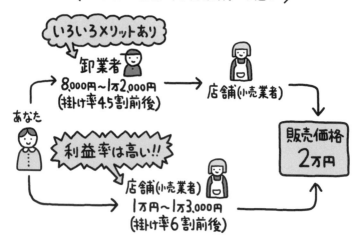

〈 卸業者と店舗（小売業者）の違い 〉

いろいろメリットあり

卸業者
8,000円〜1万2,000円
（掛け率4.5割前後）

店舗(小売業者)

あなた

利益率は高い!!

店舗(小売業者)
1万円〜1万3,000円
（掛け率6割前後）

販売価格
2万円

☑ 卸業者のメリット・デメリット

　卸業者を通すとどうしても利益率が低くなってしまいますが、営業して販路を拡大してくれたり、店舗との間に入って交渉、受注や配送、在庫管理などを代わりに行ってくれたりします。

　その手数料 = 営業・販売の外注化という考え方もあると思っています。とかくひとり貿易はやることがたくさんあるので、実店舗への販売は卸業者に任せてしまうのもひとつの考え方です。

〈 流通経路 〉

メーカー　▶　卸売業者　▶　小売店　▶　消費者

☑ 国内展示会（ギフトショーなど）に出展する

　一般販売での販路拡大、特に実店舗販売BtoBを効率よく拡大していくためには、東京インターナショナルギフトショーや雑貨EXPOなど、国内の物販系の展示会に出展するのがベストです。

　特にギフトショーはアジアでも最大級。毎年20万人の来場者を誇る老舗の国内展示会です。クラファン物販でテストマーケティングを経た商品を国内のバイヤーにお披露目していきます。

　ただし、展示会への出展は、ブースの大きさによって、結構な費用がかかることもあります。小規模事業者持続化補助金など、展示会関連の補助金や助成金を活用することでコストを抑えられます。

　筆者は10年以上にわたりギフトショー出展を重ねており、生徒さんたちの商品を集めてクラファンで世間を騒がせた商品たちが集まる「クラウドファンディングラウンジ」という団体出展をプロデュースしています。自社で出展する4分の1程度のコストでバイヤーが押し寄せる大人気ブースに出展することができます。

　ここから全国の有名百貨店・量販店・専門店・TVショッピング・カタログ通販・ポップアップストア・ECサイト・越境ECサイトなどなど、大きな展開に多数つながっています。出展効果を最大化させる出展ノウハウも含めてお伝えしていますので、興味がある方はお問い合わせください。

ユビケンプロデュース：クラウドファンディングラウンジ
https://yubi-ken.com/crowdfundinglounge/

YouTube で学ぶ！

ギフトショー2023年春！　現地から盛り上がりをライブ配信
https://www.youtube.com/live/o75_UXrW0cw?si=n1L0Q1MGMW8w-bHV

メディアで学ぶ！

ギフトショー2023春！　貿易家たちのストーリーをご紹介
https://seka-waku.com/4208/

☑ B to C（小売店）、ポップアップストアなど

例えば町の商店やカフェなどで商品を販売してもらえるところもあります。そういった小規模な店舗の場合は直接オーナーに持ちかけてもOKです。

あるいはデパートの催事場で開催されているポップアップストアなどで販売するのも手です。特に高級な海外製品の場合、Amazonや家電量販店で販売するよりも髙島屋や三越伊勢丹などの百貨店のほうがターゲット層に合う場合があり、またそういったお客様はネットで買うよりも、デパートでしっかりと商品の品質を見て店員さんから説明を受けながら、直接買いたいという人も多いので相性も良いと言えます。

ポップアップストア：大阪梅田の阪神百貨店2Fエシカルコンビニにて

アウトドアイベント：万博記念公園にて、海外メーカー CEO と共に出展

その他の展開でさらなる飛躍へ

☑ セールスレップ（成果報酬型の営業代行）

　ここまでの一般販売は、基本的に「在庫を抱えて販売する」という方法でした。その他の形態としてセールスレップというやり方があります。

　これは何かというと、成果報酬型の営業代行です。海外メーカーとお客様の間に入って、契約を取り次いであげるという活動になります。保険の営業活動をイメージするとわかりやすいでしょう。あくまでも間に入るだけで、物品のやり取りはしません。

　海外展示会などで数多くの海外メーカーとつながり、日本の国内展示会などで顧客を探していくのが一般的な形態となります。

〈 セールスレップとは？ 〉

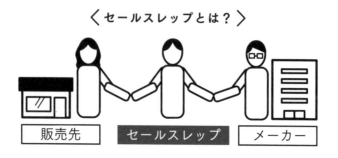

| 販売先 | セールスレップ | メーカー |

☑ クラファン事業M&A

　最近では物販事業の譲渡売却が盛り上がりを見せています。特に中堅どころのAmazonのアカウントなどがM＆Aサイトなどで高額で取引されていますが、輸入代理店事業の譲渡売却も見られはじめました。

　具体的には、クラファンで700万円ほど支援・購入を集め、その後はECサイトで半年程度運営し、販売権を含む事業一式を売却したという事例も出てきています。この輸入代理店事業の譲渡売却は、ますます盛り上がっていくものと見受けられます。

補助金や助成金、融資を活用する

☑ クラウドファンディング関連補助金を最大限に活用しよう

クラウドファンディングの活用は、いまや国も推奨する資金調達手段として認知されています。クラファン物販でも活用できる補助金や助成金もいくつかありますので、積極的に取りにいきましょう。

補助金や助成金は、融資や借金とは異なり返済の必要がない資金調達ですので、「攻めのビジネス・守りの補助金や助成金」として、キャッシュリッチにビジネスを邁進していくことができます。

特にオススメが東京都の補助事業「クラウドファンディング活用助成金」です。クラウドファンディング活用助成金には4つの区分があり、別のプロジェクトで、かつ違う製品・サービスであれば年度内1回ずつ（最大4回）申請できます。

❶ CF（クラウドファンディング）活用区分
創業、新製品・新サービス、ソーシャルビジネスを行う者が実施するプロジェクト
・助成率：助成対象経費の2分の1／助成限度額：40万円
ソーシャル・コロナビジネスを行う者が実施するプロジェクト
・助成率：助成対象経費の3分の2／助成限度額：50万円

❷ HTT・ゼロエミッション区分
HTT・ゼロエミッション（電力を Ⓗ減らす・Ⓣ創る・Ⓣ蓄える取組み）に資する新製品・新サービスの創出に挑戦するプロジェクト
・助成率：助成対象経費の3分の2／助成限度額：50万円

❸ DX活用区分
デジタル技術を活用した新製品・新サービスの創出に挑戦するプロジェクト

・助成率：助成対象経費の3分の2／助成限度額：50万円

❹ **事業再構築区分**

事業再構築のためのプロジェクト

・助成率：助成対象経費の3分の2／助成限度額：50万円

クラウドファンディング活用助成金　https://entre-salon.com/crowdfunding/

　こちらの助成金は、簡単に言うと「Makuake手数料が1/2戻ってくる」という内容です。初めての方であれば「❶CF活用区分」（上限40万円）の創業に該当します。

　Makuakeは手数料20％ですので、例えば、応援購入300万円を集めたプロジェクトは手数料60万円が引かれて、240万円が入金されます。この手数料60万円の半分、つまり30万円が戻ってきます。プラスでMakuake広告を利用すれば、上限40万円までは計上できるわけです。手続きも簡単なのでクラファンを実施する際には必ず申請しましょう。

〈 クラウドファンディング活用助成金申請の流れ 〉

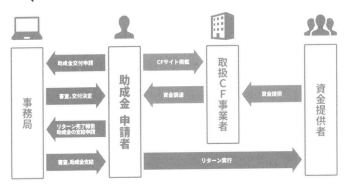

https://entre-salon.com/crowdfunding/flow/

【クラウドファンディング活用助成金の応募要項】

・申請受付期間

　令和5年4月1日～令和6年3月15日（※令和5年度の場合）

※助成対象となる利用手数料は、令和5年4月1日～令和6年3月15日まで
　での間に、取扱CF事業者に対し支払っていることが必要

※交付決定額が上限に達した時点で交付申請の受付を終了

※同一申請者によるクラウドファンディング活用助成金の利用は、1回に
　限る（1回に複数のプロジェクトを申請することはできない）

【申請要件】

　東京都内に本店若しくは主たる事業所を置き、東京都内で事業を行う事
業者であること（東京都内で事業を行う計画を有する創業希望者・事業者
を含む）。

　また、各地方都市でもクラウドファンディングに関する独自の支援はあ
ります。例えば、神奈川と千葉はこのような内容のものが出ています。

　ぜひ、お住まいの地域で調べてみてください。

【各地方都市の補助金・助成金】

・かながわベンチャー限定クラウドファンディング

かながわベンチャー限定クラウドファンディング "かなエール" と

// クラウドファンディングによるベンチャー企業の応援

新型コロナウイルスの影響などによりビジネス環境・消費者の価値観が変化する中、こうした変化をビジネス
ベンチャー企業をクラウドファンディングにより応援します。
提携先のクラウドファンディングサービスを利用する際に、「かなエール」を通じて申し込むことで、手数料
現在、下図のとおり、合計4社の**購入型・株式投資型クラウドファンディング**サービス事業者と提携しています。

https://www.PRef.kanagawa.jp/docs/sr4/cnt/f537655/cf.html

・千葉ふるさと投資（クラウドファンディング）活用支援補助金

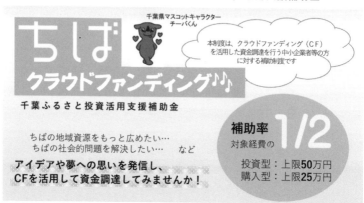

https://www.PRef.chiba.lg.jp/keishi/shingikAI/crowdfunding/cf-shienjigyo.html

海外メーカーと共に
ブランドを育てていく

☑ 貿易ビジネスを通じて世界がどんどん広がる！

　ここまでクラファン後の一般販売について解説してきましたが、我々貿易家は海外メーカーの輸入代理店として、しっかりとその商品やブランドに愛情を注ぎ込み、しっかりと育てていく意識が重要です。そうすることで海外メーカーとのコミュニケーションが円滑になっていきます。

　そうしてブランドの製品の第2弾、第3弾、第4弾という形で連続ローンチしていき、一般販売を拡大して継続的に売上を伸ばしていきながら、ある方は有名ブランドとのコラボを実現させたり、ある方は日本のマーケットに合わせた新商品の開発から携わったり、ビジネスを超えた文化や習慣の違いなどを分かち合い家族ぐるみでお付き合いをするようなところまで発展していくことができます。これは本当に素晴らしい喜びです。

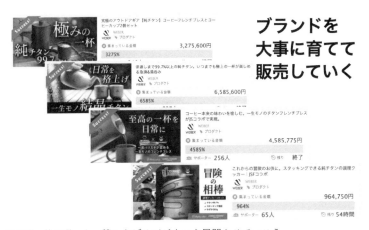

第2弾・第3弾…と、積みあげるビジネスを展開させていこう

大手セレクトショップとのコラボを実現

世界的なブランド（ペプシ）とのコラボも夢ではない

在宅から貿易を通じて世界とつながり、ビジネスを超えた関係性に

　貿易家はビジネスを通じて世界とつながっていく意味が、より鮮やかに理解していただけたのではないでしょうか。そんな日を夢見て、今日できることを着実に進めていきましょう！

YouTube で学ぶ！

海外メーカーから日本の貿易家たちに期待すること
https://youtu.be/OxYf4caUDy0?si=tx6ZMbHLy89Ylyk4

第**7**章

夢を叶えた貿易家たち

総売上1億円、会社新設
クラファン物販には夢がある！

人生を変えた『輸入ビジネス3.0』
独学で独占販売権を獲得

　独学でクラウドファンディング物販をはじめ、わずか3年で30回以上のプロジェクトを実施し、総売上が1億円を超える驚異的な成功を収めた内海さん。「『資金ゼロではじめる輸入ビジネス3.0』に出合うまでは、まさか自分が輸入や貿易をやるなんて考えてもいませんでした」と言います。「2019年の1月に法人向けのコンサルティング会社を立ち上げました。いろいろな儲け話に惑わされている間に、本業がおろそかになりまして……。気持ちを改めて、地に足のついた事業をやろうと思い、多くの本を読み漁る中で、大竹さんの著書『輸入ビジネス3.0』に出合いました。その本には業務マニュアルのようにやるべきことが具体的に記されていたので、読んだその日からすぐに活動を開始しました」

　本に書いてあることを忠実に実行した内海さんは、独学で独占販売権を獲得し、人生初となるクラウドファンディングを実行されました。「海外に興味があったわけではないのですが、シンプルに『事業として面白そう』『夢があるビジネスだな』と感じたのが、クラウドファンディング物販に挑戦した理由です」

憧れの1000万円プレイヤーに

　新型コロナウイルスのパンデミックを機に誕生したオンライン完結型のひとり貿易塾。その1期に参加した内海さんは、入塾式で「必ずクラウド

ファンディングで1000万円を達成します！」と宣言しました。

「当時は画面に穴が開くほど夢中になってMakuakeを見ていました。支援金が1000万円を超えているプロジェクトは非常に魅力的に映ったんです。1000万円プレイヤーになることは、私にとっては成功の1つの基準でした」

しかし、1000万円の壁は高く、初めて実行した案件は280万円、次の案件は30万円の結果で終了。さらにその後は独占販売権が取れない時期が続きました。自身を「鬼のようなポジティブマン」だと評する内海さんでも、当時は「もしかしたらここで終わりなのかも……」と不安を感じたと言います。

しかし、内海さんは諦めずにあの手この手で工夫しながら営業を続けることで、再び海外メーカーから返信が届くようになり、とあるアパレル商品に出合いました。

「『この商品は絶対にヒットする！』と感じました。40社を超える企業がその商品を狙っていたようですが、商品に対する想いと『絶対に売るから僕に任せてくれ』と120％の自信をぶつけたことで、ライバルを勝ち抜いて独占販売権を獲得し、1200万円を超える結果を残すことができました。目標だった1000万円プレイヤーになれたこと、狙い撃ちが当たったこと、ダブルで嬉しかったです」

このように当時の喜びを伝えてくれました。なかなか思うような結果が出なくても、諦めずに続けていく——成功を掴むために大切なことを内海さんの経験が物語っています。

商品が爆発的にヒット！
資金繰りに苦労した初めての一般販売

クラファン物販は、クラウドファンディングだけに終わりません。内海さんが取り扱ったスマートフォン用のアイテムは、クラウドファンディング中に、とあるYouTuberに取り上げられたことで注目を集め、はじめての一般販売も順調に進みました。

「インフルエンサーに取り上げていただけたこと、さらに東京インターナ

ショナルギフトショーに出展したこともあり、1000万円を超えるオーダーが立て続けに入りました。びっくり仰天です。しかし、喜びとは裏腹に『仕入れをどうしよう……』と不安が先立ちました」

こう当時の心境を語る内海さん。一般販売は、クラウドファンディングと異なり、販売前に仕入れが必要。そこで問題となるのが資金調達です。内海さんは資金繰りの問題に直面します。

「1回目のオーダーは、必死で資金を捻出し、半額の前払いを交渉して何とか対応しました。しかし、その後も大規模なオーダーが殺到し、ついに限界が訪れました。最終的には、独占販売権を問屋に譲渡する形で決着しました」

商品が爆発的に売れたがゆえに資金繰りに苦労するという濃厚な一般販売デビューを飾りました。

メーカーの資金支援を受け、 e-モビリティの新会社を設立

目標として掲げていた1000万円超えを達成し、一般販売の経験を積んだ内海さんは、次なる挑戦として電動アシスト自転車に着目。「将来的にこの分野は注目を集めるだろう」と予測し、独占販売権を獲得しました。そして、クラウドファンディングでは総額2500万円の支援金を調達したのです。

「クラウドファンディングで結果を出したことで、メーカーから信頼を得ることができました。2022年8月には、メーカーの出資支援を受けてe-モビリティの会社を立ち上げ、最近では誰でも知っているような大手量販店のプライベートブランドの製造委託を受けて、すでに初の量産が行われました」

その1回目の量産に立ち会うため、中国に足を運んだ内海さん。

「海外メーカーと直接対面して、製品が完成する瞬間に立ち会うことができ、感無量でした。恥ずかしながら、私の語学力は底辺のレベル……そんな私が1人で海外に行き、さまざまなツールを駆使しながら海外メーカーとコミュニケーションし、国際的なビジネスを展開できている。すごい世

の中ですね」

　最初は苦手意識があった海外の方とのコミュニケーションが、今では内海さんの「ライフワーク」になっていると話してくれました。

継続すれば必ず結果につながるビジネスモデル

　事業の第2の柱としてクラウドファンディング物販に挑戦してから約3年半で、「クラウドファンディングの総売上1億超」「e-モビリティの新会社を設立」など、大きく人生を変化させた内海さん。クラウドファンディング物販には無限の可能性を感じたそうです。

「クラウドファンディングのユーザーは、商品のユニークさに惹かれて応援購入されることが多く、他のECサイトのように価格の比較はされにくいです。だからこそ、ユーザーに刺さる商品を取り扱えたら、大きな結果を残せます。しかも、商品を仕入れる前に販売できるので、莫大な仕入れ金を用意する必要がありません。これは素晴らしい仕組みですし、本当に夢があります」

　世の中のニーズを満たすユニークな商品を見つけることで、極力リスクが少ない状態で、大きな成功を手にする可能性を秘めているクラウドファンディング物販。その可能性を内海さんは最後にこう語ってくれました。

「もちろん多少の失敗もあるでしょう。だけど、挑戦し続ければ必ず成功できます。やると決めたなら本気でコミットして、結果が出るまでやり通してほしいです。継続すれば必ず結果が出せると思います」

> # 人生の選択肢が増え、
> # 見える世界が変化した物販ビジネス

さまざまな肩書きを持っていた会社員時代

　ママ、主婦、日本語学校の教師、貿易塾の講師、そして貿易家。多くの肩書きを持つ木内さん。現在は自社のODMブランド「1000人の声から生まれたスマホポーチ」をシリーズ化し、商品展開に力を注いでいます。

　木内さんは、大学卒業後に大手日雑メーカーに就職。3年ほど国内でマーケティングを学んだ後に、ご自身の希望で海外の現地法人のマーケティング支援に携わっていました。

「消費者の声を調査して、分析して、商品に反映していく。マーケティングの仕事は、ものすごく楽しく、やりがいがありました。ただ大企業だからこそ、自分が思ったことを仮説に基づいて実行できなかったり、チャレンジして軌道修正しながら進んでいくことができなかったり、もどかしさを感じることもありました。いつかは独立したいという気持ちは強かったです」

　第2子出産を機に10年以上勤めた会社を退職し、子ども向けの英語教室の先生を経験した後に、合格率30%以下の難関、日本語教育能力検定試験に合格し専門学校の日本語の教師になりました。

　マーケティングと教師。一見全く異なる仕事に思えますが、通ずるものがあると木内さんは言います。

「業種は異なりますが、お客様や生徒さんの満足度を最大化するという点では同じです。私は常に相手のニーズに合わせて最適な提案をすることを意識しています」

どんな仕事であっても"お客様のために"を追求する木内さんが次に出合ったのが物販でした。

「夫の仕事の関係で中国輸入を手伝うことになり、物販の世界に足を踏み入れました。しかし、立ちはだかったのは価格競争。どんどん苦しくなっていき、価格で勝負する必要のない自分だけのオリジナル商品を扱いたいと思うようになりました」

悩まずに最短距離で進んでいける

　ひとり貿易塾3期に参加された木内さん。一番記憶に残っているのは、自社の主力商品であるスマホポーチのキャッチコピーが決まった瞬間だと言います。

「大竹さんから『1000人の声から生まれた』というキャッチコピーを提案いただいた時に、『これだ！』と光が差し込みました。そのコンセプトを基に、自分で作ったサムネイルをプロのデザイナーさんにブラッシュアップしてもらいました。サムネイルが完成した時には、その素晴らしさに感激しました」

　前職で培ったマーケティング力を活かしながら、デザインやキャッチコピーなど苦手なところは塾のサポートをフルに活用。「1000人の声から生まれたスマホポーチ」はシリーズ累計サポーター数3000人を突破しています。

「自分ひとりでは悩んでしまってなかなか前に進めません。例えば、広告運用。この数字は良いのか、悪いのか。悪いのであれば改善するために何をしたら良いのか。

　さらに、Makuakeローンチ後にたくさんの業者からアプローチされましたが、どの企業とお取引すれば良いのか。最初はわからないことばかりです。しかし、ひとり貿易塾はチャットで質問すれば現役の貿易家でもある講師陣がすぐに返事をくれます。ひとりで悩む時間がほとんどなく、テンポ良く進めていけるのが楽しいです」

補助金をフル活用し、
夫婦で「物撮り専門」スタジオを立ち上げ

　補助金・助成金と相性の良い物販ビジネス。チラシなどを作成する広報費、Webサイト関連費、展示会出展費、旅費、商品開発費などが補助の対象となることもあります。

　木内さんはひとり貿易塾のセミナーで補助金について学んでから、活用できそうな補助金を探し、申し込み、実際に手を動かしながら知識を深めていきました。そして採択された補助金を活用して、ご夫婦で物撮り専門の撮影スタジオを立ち上げました。

　「補助金、助成金は手続きが煩雑で面倒なイメージがありますよね。私も最初は全く詳しくありませんでした。しかし、1つずつ進めて行けば、そこまで難しいものではないことに気がつきました。活用できそうなものは片っ端から申請して、少しずつ経験を重ねていきました。

　私は、助成金や補助金は国からもらうものではなく、それを使ってしっかり稼いで税金を納め返すことだと思っています。だからこそ、補助金が採択された時にはもっと頑張ろうとやる気もでます」

　行動することで身につけた補助金・助成金の知識を活かし、現在はひとり貿易塾の講師としても、補助金セミナーを開催してくださっています。

　「ひとり貿易塾に入って新たな扉を開きました。その扉を開いた先には新たな道がつながっていて、その道を進んでみたらまた別の扉があって、開けてみたら今度はもっと遠くまで進める道があるみたいな……。貿易家になってから人生の選択肢が増えて、飛躍的に見える景色が変わりました」

　このように貿易家の可能性を語ってくれた木内さん。自分の殻を破って世界に飛び出し、見える世界を広げていってほしいという意味が込められたひとり貿易。木内さんは貿易家の働き方、そして生き方を体現されています。

「ありがとう」が何よりのエネルギー

　ひとり貿易塾に入ってから前向きに行動し続けている木内さん。そのエネルギーの源は「ありがとう」の言葉だそうです。

　「私の商品を手にしてくださった方から『こういう商品が欲しかったんだよ。助かっているよ』と感謝のお声をいただけることが何よりの喜びです。お客様からの『ありがとう』の言葉が、私が前に進んでいく原動力になっています」

　さらにお客様から「ありがとう」と言ってもらえるように、しっかり利益をあげていきたいと、木内さんは言います。

　「前職の上司から『利益を出すことはお客様のありがとうの気持ち』だと教えてもらいました。その言葉は私の中にずっと生きています。だから、利益を出すために必要なことを研究して行動し続けていきたいです」

　お金を稼ぐことに対して、日本ではしばしば否定的な見方がされることがあります。しかし、お客様の感謝の気持ちが売上や利益に直結するという考え方が広まることで、日本のビジネスは一層活気づくかもしれません。

　「貿易家の仕事は本当に楽しく、自分の可能性がどんどん開かれていく感覚がします。ひとり貿易塾は、教科書に書いてあることを教えるだけでなく、実際のやり方までしっかり教えてくれるので、行動すれば必ず前進できます。ひとり貿易塾での学びを活かし、より豊かで輝かしい人生を築く方が増えることを願っています」

ガジェットからコルク雑貨まで、「売りたい」商品を販売

コロナ禍だからこそ挑戦できた貿易ビジネス

プロのサックス奏者として長年活躍してきた小林さん。2020年に世界的なパンデミックが到来したことにより、ミュージシャンの仕事が相次いでキャンセルされるという厳しい状況に直面しました。

「当時の収入は月に4400円。新たなビジネスに挑戦しようと思い、本屋に足を運び、何かに惹かれるように手にしたのが『資金ゼロではじめる輸入ビジネス3.0』でした」

小林さんは無我夢中で読み、本を読み終える前に自然と手が動き、ひとり貿易塾のセミナーに申し込んでいたと言います。

コロナ禍で誕生したオンライン完結型のひとり貿易塾。インターネットを使った商品リサーチに苦戦する方も多い中で「商品リサーチは本当に楽しくて、全く苦労は感じなかったです。コロナ禍で仕事が激減したからこそ、貿易に没頭できました」と語ります。

ひとり貿易塾に入塾してからも、「とにかくやってみよう」という想いで、立ち止まらず、わからないことは多少目をつぶりながら進んでいきました。まさにピンチをチャンスに変えたのです。

貿易ビジネスを通じて価値観が変化

初めてクラウドファンディングで販売したのは中国の展示会サイトで出会ったUVC除菌ができるバッグ。製造元は、ディズニーとも取引がある

非常に大きな企業でした。このような大企業が一個人との取引を受け入れ、商品の改良や提案を受け入れてくれることに感動を覚えたという小林さん。

「日本では中国製の製品に対して、あまり良いイメージを持たない方が多いと思います。しかし、世界の商品はほとんど中国で作られていると言っても過言ではありません。貿易家になってから中国人と毎日のようにコンタクトを取りますが、ものすごく真面目で、前向きで、優しくて、必死に仕事をしている方が多いです」

　世界と繋がることで、これまでの偏見や価値観が大きく変化したと当時を振り返ってくださいました。

トラブルさえも楽しみながら、メーカーと深い絆を築く

　小林さんが2回目のクラウドファンディングで取り扱ったのはガジェット製品。そのメーカーとは、1つのプロジェクトで終わることなく、新商品を紹介されたり、一般販売へ進展したり、他メーカーとのコラボ商品を一緒に開発したり、今でも良好なパートナーシップを築いています。

「クラウドファンディングで1200個以上売れた案件があったのですが、商品が日本に届いた時に付属のストラップが入っていなくて……。支援者への配送の期日が迫っていたので、先に本体を配送してから、別途ストラップを送ることにしました。配送を2回行ったことで数十万円のマイナスが出ましたが、それは自分で負担しました。なぜなら、このメーカーとは長期的な付き合いをしたいと思っていたからです」

　メーカーがミスをした時でも、責めることなく誠心誠意対応しました。最初は警戒気味でも徐々に信頼を得ていったそうです。時には日本人の感覚ではありえないことが起こりうるのが貿易ビジネス。

「物が来ない、数が違う、箱が潰れている、そんなことはしょっちゅうです。そこで怒ってもどうにもならないので、原因を探り、メーカーと協力しながら一緒に解決策を考えることが大切です」

　小林さんは、トラブルさえもメーカーとの信頼関係を築くためのチャン

スに変えていきました。

人生が変わった東京インターナショナルギフトショー

　出展者とバイヤーを繋ぐ日本最大規模の商談の場「東京インターナショナルギフトショー」。ひとり貿易塾の塾生は、ユビケンが用意するブース「クラウドファンディングラウンジ」に、特別価格で出展できます。
「自分にできることは全てやる」と覚悟を決めてひとり貿易塾に参加した小林さんは、迷うことなく東京インターナショナルギフトショーへの出展を決意しました。人生初の展示会では、今後のビジネスパートナーとなる卸業者に出会ったり、クラウドファンディングの代行依頼を受けたり、大きな収穫があったそうです。
「東京インターナショナルギフトショーに参加したことで、人生の選択肢が大きく広がりました。オンラインで完結できるひとり貿易ですが、リアルな繋がりができることで、仕事の面白みが何倍にも増えました」
　そう、当時の興奮を語る小林さん。行動することで、新たな世界が広がり、チャンスが訪れることを物語っています。

自分の欲しいもの・作りたいものを世の中に届けられる

　これまでガジェット系の商品を取り扱うことが多かった小林さんですが、急な予定変更で訪れたタイの展示会で、運命的な出合いをします。
「これまで雑貨に興味を持つなんて思いもしませんでしたが、タイの展示会でとても可愛いコルク雑貨に出合い心を奪われまして。すぐに独占販売権を獲得して、その場で大竹さんに連絡して東京インターナショナルギフトショーの枠を確保しました」
　リアルなイベントへ積極的に参加することで、百貨店でポップアップストアを開催する機会に恵まれたり、地方の町おこしイベントに参加費も掛け率もなしで商品を販売できたり、着実に商品の認知を広めるチャンスを掴んでいきました。

「タイはMOQ（発注できる最低数量）が低いんです。OEM案件も少ないオーダーだと60個、多いと1500個。幅広い注文を承ることができています。たとえ少ないオーダーでも、満足いただければ次に繋がります」

　今後もジャンルにとらわれずに、自分が売りたいと思った商品を取り扱って世に広めていきたいと決意したそうです。

まずは行動。考えながら進んでいけば良い

　コロナを機に人生何が起こるかわからないと実感した人も多いのではないでしょうか。だからこそ、複数の収入源を持っておくことは大切です。
「貿易とミュージシャン、この2つをうまく組み合わせて、多岐にわたり仕事をしていきたい。再びコロナのような緊急事態が起きても揺るがない収入の地盤を作りたいです」

　そう小林さんは言います。最後に、一歩踏み出すことを躊躇ってしまう方に向けてメッセージをいただきました。
「悩んで踏みとどまってしまうのは、何もしていないことと一緒です。悩むよりも、まず行動して、考えながら進んでいけば良いのです」

　さらに行動することの大切さを伝える一方で、引き際も重要だというアドバイスも。
「僕は、『出血は極力少なく』という言葉を胸に留めてビジネスをしています。だからこそ、結果が伸びない商品からは手をひくことも大切です。世界にはたくさんの商品があります。1つの商品に固執しなくても、新たな商品で挑戦できます。まずは1回やってみることで、判断力も身についていくでしょう」

4人目 ■ 武智 翔太郎さん

語学力を武器に海外交渉の道に
行動したからこそ見つけた自分の才能

突き抜けた行動力で大学卒業後に起業

　28歳の若き貿易家であり、マーケティング会社の代表を務める武智さん。大学在学中にバンクーバーに留学して語学力を磨き、帰国後は学業と並行して青果物の輸出に携わる商社で経験を積みました。学生時代から並外れた行動力を発揮していた武智さんは、大学卒業を機に物販の道に進みます。

「知人から『クラウドファンディングを活用することで、在庫を抱えずに物販ビジネスができる』という話を聞き、面白そうだからやってみようと思い、会社を設立しました。しかし、インターネットでいろいろ調べると、10年以上前からクラウドファンディングを活用した物販ビジネスを提唱している方がいたのです。それが大竹さんでした」

　最初は試行錯誤しながらも我流でクラウドファンディングに挑戦してみた武智さん。しかし、鳴かず飛ばずの状態が続いたと言います。

我流からひとり貿易塾へ

　会社をもう一度やり直す気持ちでクラウドファンディング物販を学ぼうと決め、パートナーと一緒にひとり貿易塾3期へ入塾。海外留学で身につけた語学力と、ビジネスを立ち上げることで培った起業家マインドを武器に、突き抜けた行動力で独占販売権を次々と獲得していきました。初めて納得いく成果をあげられたのが台湾メーカーの徹底防水のレインコートだ

と言います。

「プロジェクトを開始する前に、大竹さんに売り出し方を相談しました。その際、大竹さんからは『USP（商品の独自性）を明確にすることが重要だ』とアドバイスされました。正直なところ『USP……？』という感じで、当時の僕には全く理解できませんでした。しかし、大竹さんのアドバイス通りに商品の強みを深掘りしていき、『とにかく濡れたくない人のための徹底防水レインコート』というコンセプトを決めて、商品ページを自分で制作しました。その結果、これまでとは全く異なる成果が現れて驚きました」

ピンチをチャンスに変えるため、海外展示会へ

オンラインでの商品リサーチや商談の経験を積みながら、武智さんは「展示会」というリアルな機会に目を向けました。世界的なパンデミックの影響で海外への渡航が難しい状況が続く中、逆境に負けず、ラスベガスのCESやヨーロッパのマイナーな展示会に足を運んだのです。

「コロナの影響が残る時期で、日本人の参加者はほとんどいませんでした。ライバルが少なかったこともあり、CESとドイツの展示会を通じて30件の独占販売権を獲得できました。コロナ禍におけるリスクもあったけれど、それを上回る成果が得られました」

その後、CESで見つけたAIマウスのプロジェクトは、初の支援金1000万円超を達成し、大きな成果を残しました。

クラウドファンディングに挑戦する時に「売れなかったらどうしよう」「クレームがきたらどうしよう」と、何らかの理由を見つけて一歩踏み出せない方も多いかと思います。しかし、武智さんはチャンスを逃さずに掴み取るために直球で進んでいきます。自らの行動力の秘訣を教えてくれました。

「周りの人からは『後先考えずに進んでいけるのがすごいね』と言われることが多いのですが、僕も一応考えています（笑）。ビジネスの世界では、自分でコントロールできない要素（定数）と、自分でコントロールで

きる要素（変数）があります。

　僕はこの２つを区別し、自分で変えられないことに過度に時間を費やすのはもったいないので、自分で変えられる部分に焦点を当てています。定数に関しては深く悩まずに、問題が発生した時の対処法を事前に考えておくようにしています」

行動したからこそ、
自分の得意分野に気がつき、才能が開花

　これまで積極的にクラウドファンディング物販を展開してきた武智さんは、現在、それに加えてAmazonでの一般販売やクラウドファンディング代行業、展示会をアテンドして商談する企業向けサポート、そしてひとり貿易塾での海外交渉スペシャリストなど活動の幅を広げています。

「大竹さんに出会うまで、海外交渉が自分の仕事になるとは思いもしませんでした。「僕は大学時代に留学経験があり、外国の方との会話に全く抵抗がありません。しかし、ひとり貿易塾に参加してから、海外メーカーとの交渉やコミュニケーションに苦手意識を持っている方が多いことを知りました。周りを見て、英語でのコミュニケーションが自分の強みだと気がついたのです」

　行動したことで、自分の得意分野に気がつき、もともと持っていた武智さんのポテンシャルが次々と開花していきました。

ひとり貿易は総合格闘技！?

　クラウドファンディングやSNSなど、インターネットの普及により、個人でも貿易に挑戦できる時代が訪れました。武智さんはひとり貿易を「すごいビジネス」と感じたそうです。

「他のビジネスと比べて、本当にリスクが少ない。かつ、良い商品を見つけてヒットすれば、長期的に販売できます。貿易の古典的な要素とクラウドファンディングの新しい要素がうまく組み合わさっているビジネスです。やらない理由が見当たりません」

さらに、武智さんはひとり貿易を"総合格闘技"に例えます。

「パンチやキック、投げ技、固め技など、多様な技術を駆使して勝敗を競う総合格闘技は、バランスの取れたトレーニングと、その中で自分の得意な技を磨き上げることが重要です。

　同様に、ひとり貿易もやるべきことが多くて大変な一面もあります。だからこそ、自分の得意と苦手を理解して、自分でやるべきことと、誰かにお願いすることを判断しながら効率よく動く必要があります」

　自分の得手不得手をどうやって判断するのか、それはやってみる他ありません。武智さんは行動したからこそ、海外メーカーとの交渉が得意だと気づいたそうです。

　最後に武智さんから、読者の皆さんへメッセージをいただきました。

「やらない理由・できない理由はたくさんあるかもしれません。だけど、ひとり貿易は自分のペースで進めていけます。まずやってみれば良いと思います。とにかく行動することが大切です！」

10回目のプロジェクトが大ヒットし、一般販売へ。続けることで道は拓ける

貿易とデザイン。親子それぞれのスキルが活かせる仕事

2020年4月、新型コロナウイルスの影響を受けて誕生したオンライン完結型のひとり貿易塾。その初期メンバーに参加してくれたのが小島さんでした。貿易家を志す前は、ブランド品の並行輸入とデザイン業を兼業されていたそうです。

「父が輸出入を扱う会社を立ち上げたのですが、あまりうまくいっていなくて。何か手伝えることを模索する中で、大竹さんのサイトを見つけてクラファン物販に興味を持ちました。父は貿易関係の仕事をしており、私はデザインを仕事にしていたので、クラファン物販なら長年海外と取引してきた父のスキルと私のデザインのスキルが活かせると思ったのです」

最初は『資金ゼロではじめる輸入ビジネス3.0』を読み、商品リサーチ、海外メーカーとの商談、独占販売権の獲得、クラウドファンディングの実施まで自力で進んでいったと言います。しかし、思うような結果を出すことができず、独学では限界を感じた小島さんは、学びの場を求め、ひとり貿易塾への入塾を決意しました。

10回目のプロジェクトが大ヒット。Makuakeで1700万円を達成

ひとり貿易塾の期間は9か月間。その間に、独占販売権の獲得に苦戦しながらも2つのプロジェクトを実行。しかし、どちらの結果も振るわないまま

卒業を迎えた小島さん。それでも諦めることなく、卒業後も塾で学んだことを愚直に行動していったのです。

「クラウドファンディングは在庫を持たずに販売できるので、リスクは少ないです。とはいえ、事前集客のために広告を回していたので資金はどんどん減っていきました。『そろそろやばいな……』と思っていた時に、カナダメーカーのシェーバーで大きな成果をあげることができました」

輸送コストを抑えられるサイズの小さい商品、かつ返品リスクの低い電気を使わないものに絞って商品を探していたという小島さん。見た目のカッコ良さに惹かれて選んだ1枚刃のシェーバーがクラウドファンディングサイトMakuakeで1700万円を超える大ヒットを収めたのです。

「プロジェクト開始10分で支援金が100万円を達成した時は衝撃的でした。見た目のカッコ良さに惹かれて良いと思った商品ではありましたが、最初はどうしてこんなに売れているのか理解が追いつかなくて。よくよく考えてみると、1枚刃だと肌への負担が少ないのはもちろんのこと、5枚刃と比べて替刃が安いのも多くの方から支持をいただけた理由なのかもしれません。長い目で比較するとランニングコストが低いですからね」

結果を出したことで、海外メーカーとの関係性も変化したと言います。

「日本での販売は海外メーカーの担当者とやりとりしていたので、メーカーの社長は日本で販売することすら知らなかったようなんです。だから最初は全然期待されていなくて。しかし、クラウドファンディングで結果を出したことで、社長からも日本での販売を認めてもらえたようです。来日してくれて、直接お会いすることもできました」

小島さんの人生を変えたこのシェーバーは、クラウドファンディングを終えた後に一般販売にも進んでいきます。

クラウドファンディングでの売上が自信に繋がり、一般販売へ

最初からひとつの商品を長く販売したいという想いから、一般販売を視野に入れてクラファン物販に取り組んでいたという小島さん。クラウドファンディングで大ヒットしたシェーバーは、自社のECショップでの販売に進み

ました。販売直後にとあるYouTuberに取り上げてもらったことで口コミが拡散され、在庫が追いつかないほどの売上を叩き出します。

「YouTuberとのタイアップ戦略はもともと考えていました。4、5人の方に依頼をして、そこからどのジャンルが一番フィットするのか方向性を絞っていこうと思っていたのです。しかし、一発目で爆発的にヒットしてうれしい悲鳴でした」

さらに小島さんは「クラウドファンディングで結果を出せていたので、需要がある商品だということは実感していました」と言います。

「だからこそ、継続すれば一般販売でも絶対に売れる自信がありました。また、クラウドファンディングである程度利益が出たので、それを使って広告を回せたのも大きな成功要因です」

今では楽天でも販売しており、T字カミソリのリアルタイムランキングで1位を獲得したり、購入者から「1枚刃とは思えない剃り心地」「買って正解でした！」など高い評価が寄せられ口コミが総合評価4.5を超えたり、クラファン販売から2年経った今でも継続的に売上を伸ばしています。

クラウドファンディングだからこそ、挑戦を続けられた

クラファン物販のメリットは「参入のしやすさ」だと小島さんは言います。「クラウドファンディングを活用したからこそ、約3年半で10個もの商品を取り扱うことができました」

さらにクラウドファンディングでの売上実績や支援者からの口コミは、一般販売の売上を加速するための起爆剤になると言います。

「一般販売に進む前にシェーバーのレビューを集めたかったので、レビュー投稿で替刃プレゼントのキャンペーンを実施しました。その結果、口コミが100件ほど集まり、一般販売での売上にも大きく貢献してくれたと思っています」

今でも、シェーバーは月に1500本近く売れ、売上は3桁を超える月もあると言います。とはいえ、小島さんは簡単に成功を手にできたわけではありません。資金が底をつきそうになりながらも、諦めずに何度もクラウドファ

ンディングに挑戦し続けたからこそ、10回目の挑戦でやっと運命の商品に出
合えたのです。

「続けることの大切さは身をもって感じています。正直なところ、途中何度
か挫けそうになったんです。独占販売権が取れたからとりあえずやろうと作
業化してしまったこともあります。辛い時期もあったけれど、それを乗り越
えたからこそ、その先に光が見えてきました」

　そう小島さんは振り返ります。さらに、クラファン物販は極めて再現性の
高いビジネスだと言います。

「ひとり貿易塾には、クラファン物販で成功している方がたくさんいます。
だから継続すれば自分でも成功できると信じて行動し続けました」

　小島さんが体現してくれた「とにかく続けることで道は拓ける」という事
実。シェーバーの認知をさらに広めていきつつ、新しい自社ブランドの立ち
上げにも力を注いでいくという挑戦がこれからも続いていきます。

6人目 ■ 佐多 愛美さん

> # おばあちゃんになっても
> # 貿易ビジネスを楽しみたい

貿易家を取材する中で芽生えた「私も貿易家になりたい」

　Web歴20年。これまで数多くの企業のWebサポートを行ってきたフリーランスWebデザイナーの佐多さん。彼女は、貿易家メディア「セカワク」（https://seka-waku.com/）のディレクターでもあり、アウトドアチタンブランド「シルバーアント」の日本総代理店を務める貿易家でもあります。

　セカワクでたくさんの貿易家を取材するうちに、その働き方や生き方に興味を持ったと言います。

「きわめつけは東京インターナショナルギフトショーです。貿易家の皆さんが目をキラキラ輝かせながら楽しそうに、自分の商品を説明している姿が印象的でした。それを見て『私も貿易家になって、次の東京インターナショナルギフトショーの場に立つ！』と心に誓いました」

　その目標を叶えるため、今まで受けていた仕事を調整して時間を作り、ひとり貿易塾に参加。そして有言実行で「東京インターナショナルギフトショーの場に立つ」という目標を達成されたのです。

　最初は新たなことに挑戦するのに勇気が必要だったそうです。しかし「働き方を選択できるフリーランスだからこそ、自分で世界を変えていこう」と一歩踏み出し、人生の可能性を大きく広げました。

人を軸に商品を選ぶ

佐多さんはチタン製品に絞って商品リサーチを行いました。コロナ禍で家から一歩も出られない時期に、お気に入りのクッションに横たわって、スマートフォンで商品リサーチをしている時に出合ったのが、シルバーアントでした。

「公式サイトを調べてみると、シルバーアント海外部の代表ショーン氏がチタンアイテムを使ってご飯を食べている写真が表示されたんです。それを見た瞬間、『絶対にこの人と仕事をしたい！と衝撃が走りました」と、当時の胸の高鳴りを語ります。

それからはショーン氏に振り向いてもらうためにはどうしたら良いのかをひたすら考え、まずはシルバーアントの商品を購入し、使い倒し、商品の良さを体感することからはじめました。

「家族で商品を使っている写真を送って、いつもシルバーアントの商品を愛用していることをアピールしたり、自分の生活やこれまでの経歴がわかるようなメッセージを送ったりしました。1回目は返事が来なかったのですが、2回目でコンタクトが取れて、独占販売権を獲得できました」

ビジネスの世界では、結局"人と人"が重要です。もちろん売れそうな商品や好きな商品を選ぶのも1つのやり方です。しかし、人を軸に商品を選ぶ佐多さんの事例からは多くの学びがあります。

自分自身がシルバーアントの1番のファン

2022年3月にシルバーアントの独占販売権を獲得し、翌年5月には海外メーカーのショーン氏が来日。「Welcome to Japan」と書いた自作のうちわを手に、ショーン氏との念願の対面を果たしました。海外メーカーとの絆を深めるために大切なことは「おもいやり」だと佐多さんは言います。

「まずは自分からギブすることを心がけ、商品を使うたびに撮影をして、その写真を共有しました。『私はあなたの商品を使うたびに幸せを感じて

いるよ』そんな気持ちを込めました」

　なかなか会えないからこそ、一つひとつのメッセージに「愛」を込めることで、ショーン氏との距離を少しずつ縮めていったのです。

　実際に、シルバーアントの商品ページには、佐多さんご自身が商品を使って撮影した愛の込もった写真が盛り込まれています。

「私は日本で一番、シルバーアントの商品に詳しくて、商品を愛していて、誰に、何を聞かれても自分の言葉で返せるようになりたいと思っています」と佐多さんは言います。

　その想いが海外メーカーにもしっかり伝わっているからこそ、シルバーアントの日本市場を一任されているのでしょう。

おばあちゃんになっても貿易ビジネスを楽しみたい

　シルバーアントに出合ってから１年半足らずの間に、５回のMakuakeプロジェクトを実施、海外メーカーと一緒に大阪のアウトドアフェスに出展、日本総代理店として公式サイトで一般販売を開始、百貨店の催事で店頭販売を経験、大手アパレルブランドJOURNAL STANDARD FURNITUREとコラボ商品を制作など、凄まじいスピードで前へと進んでいる佐多さん。しかし、自分の中ではのんびり進んでいる感覚だとか。

「ショーン氏が来日した時に『シルバーアントのブランドを守ってほしい』と言われたんです。その言葉を聞いてからは、早く成果を上げたいという想いよりも、おばあちゃんになるまで、このビジネスを大切に楽しみたいと思うようになりました」

　今は大事な選択を迫られた時には、目先の利益ではなく、いかにブランドを守っていけるのかを重視して行動していると言います。

目指すのは数字ではなく、
応援されるブランドになること

　佐多さんはこれまで全てのプロジェクトをMakuakeで実行してきました。応援購入サービスというMakuakeの在り方、そして貿易家になる前

からリアルな在宅ワークの情報を発信し続けてきた佐多さんの生き方に、これらに通ずるものがあるからこそ、Makuakeは非常に使いやすいサービスだったのです。

「一番初めのプロジェクトの時に、Makuakeの担当者さんから『シルバーアントを応援されるブランドにしませんか』と声かけをいただきました。最初は『1000万円を達成したい』とか『支援者を100人以上集めたい』とか数字に目が向きがちだったのですが、担当者さんの言葉を聞いてからは、応援されるためには何をするべきかを深く考えるようになりました」

　以降、彼女はSNSを通じて自身の成長ストーリーを発信することに力を入れています。そして、現在ではMakuakeの担当者もチームの一員として、シルバーアントの活動を後押ししてくれていると言います。

20年間培ってきたWebのスキルをフル活用。「私だからこそできることがある」

　貿易家はこれまでの経験やスキルが大いに活かせる働き方であり、生き方です。

「貿易家になり、家にいながらも海外とつながることができ、見える世界が大きく変化しました。これまで培ってきた経験やスキルを最大限に活かせているので、自分が今までやり続けてきた実績を認めてもらえた感覚も大きいです。シルバーアントという大切なブランドに出合え、『私だからこそできる！』と自信につながりました」

　最後に佐多さんは言います。

「自分が思っている以上に世界は広いです。家にいても世界と繋がれますし、言語の壁があっても愛の力で国境は超えられます。クラウドファンディングは資金がない個人の私でもゼロからチャレンジできる場所。そしてその挑戦を継続できる場所です」

　勇気を持って一歩踏み出し、新しいことに挑戦した結果、これまで当たり前だと思っていた経験や能力などの自分の強みに気がつけるかもしれません。

あとがき

　クラウドファンディングとは、これからの人をゼロ→100 にしてしまう装置である。

　夢や野望、アイデアはあるけれど、それを実現させる資金や人脈、手段が見つからない。そんな人々にとって、クラウドファンディングは希望の光となり得ます。

　この画期的な仕組みを用いれば、何者でもないと感じている個人が、社会に認められる存在へと一気に飛躍できるチャンスがあるのです。

　物販ビジネスでも、一般的にまだ知られていない商品の販売は困難ですが、クラファンを活用すれば、デビューもないブランドでも一気に世の中に知らしめられるのです。

　いきなり 300 万円、500 万円、そして 1000 万円と、爆発的に販売をすることができ、その後もファンから応援されながらブランドを育てていき、継続的に販売していくビジネスに繋げていくことが可能です。

　しかし、こうした華々しさとは裏腹に「クラファンの闇」とも呼べる現象が起きているのも事実です。

　例えば「商品が届かない」「思ったものと全然違う」「Amazon で同じものが 3 分の 1 の価格で売っている」「中国サイトからの転売ではないのか？」といった具合に、クラファンサイトの応援メッセージ欄や SNS、ニュースやメディア記事など、さまざまな場所でネガティブな意見を目にします。それは時として大きな炎上へと広がるケースもあり、クラファン全体の信頼を揺るがす事態にも発展しています。

　こうした事態が起こるのは、新しいサービスやプラットフォームが発展していく過程で起こる「成長痛」であると、私は解釈しています。

20年近くEコマース業界を観察してきましたが、今でこそ誰もが日常的に利用しているAmazonや楽天市場、メルカリなどのプラットフォームでさえ、黎明期には「ネットで物が売れるわけがない」「商品説明が誇大表現だった」「販売者の対応がなっていない」「サービスとしていかがなものか」などと攻撃されてきた時代もありました。

　新しいサービスが世の中に誕生して普及するまでには、さまざまな問題が生じますが、それを乗り越えて発展するのです。
　これはハイプ・サイクルと呼ばれる理論で、新しい技術が人々の注目を集める過程には5つの段階があると考えられています。

1）**技術的トリガー**：新しいサービスが登場し、人々が「おお、すごい！」と興味を持ち始める段階。
2）**期待のピーク**：みんながそのサービスに大興奮して、「これは革命だ！」と過剰に期待しますが、まだ実際にはそんなに進んでいない。
3）**失望の谷**：技術が期待ほどすぐにはうまくいかないことがわかり、人々が「あれ、思ったほどでもないかも」とがっかりする段階。
4）**啓蒙の坂**：技術が実際に使えるようになり、人々も「こう使えばいいんだ」と理解し始め、少しずつ良くなっていく。
5）**生産性の高原**：最後に、技術がしっかりと成熟して、実際にみんなが普通に使うようになる段階。

　今のクラファンは、まさに「期待のピーク」から「失望の谷」のあたりにあると考えます。もちろん原因の一端として大きいのは、クラファン実行者のモラルの低さです。
　クラファンは新しい商品を販売する場所であり、故に消費者は未経験の商品を購入します。Amazonや楽天市場など、通常のECサイトのようにカスタマーレビューを見ることがなく、販売ページの内容を信じて商品を購入するため、期待値にそぐわない場合もあり得ます。

販売者としても、大きな売上を上げるチャンスであるため、誇張表現気味になってしまう。そうしてユーザーの信頼を失っていき、客離れが起こる。クラファンに注がれるユーザーからの視線や取り巻く環境は、決して楽観視できるものではなく、苦境に立たされているとも言えるのです。

　クラファンのプラットフォームもこの状況を重く受け止め、さまざまな施策を講じ始めています。例えばMakuakeでは、「Makuake推奨実行者プログラム」なるものを立ち上げ、購入者に対して「商品は期待通りのものでしたか？」「またこの実行者から買いたいですか？」といったフィードバックを収集しています。
　そうして評価の高い優良実行者のプロジェクトをプラットフォームが推奨していくことで、ユーザーに安心して購入してもらう仕組みを作り上げようとしています。

　その緊張感が、実行者のモラルを高め、ひいては商品選定や、販売ページのクオリティにもポジティブに影響していく。このような施策は、クラウドファンディング業界の健全化に大変良いものであると私は考えています。

　誇大表現でユーザーの興味を煽り、品質の伴わない商品を売りつけるような販売者は、結果的に長続きしないでしょう。
　お客様を大切にし、信頼を築く努力を怠らない事業者のみが将来的に勝ち残ることができるのです。
　この本が、そうした実行者の意識やモラルを高め、業界の健全化と発展に寄与できる一助になるのであれば、著者としてそれ以上の喜びはありません。

　クラウドファンディングが日本に上陸して、12年が経ちました。
　当時、支援や寄付という文化がない日本では、クラファンは根付かないかもしれないと言われていました。

「それをどうしていくかが私たちの課題です」

　Makuakeの代表取締役、中山亮太郎さんは私にそう仰っていました。
　あれから各プラットフォームは努力と試行錯誤を重ね、独自の進化を遂げていきました。

　Makuakeは、クラファンの仕組みを、応援購入サービスへという概念に昇華させました。CAMPFIREは、想いとお金がめぐる世界を作るという理念のもと、多種多様なあらゆる形態のプロジェクトを実施し続けています。GREEN FUNDINGは、実行者に寄り添って丁寧に歩みたいと、数より質を上げる戦略を取っています。
　他プラットフォームが、それぞれの特徴を活かした差別化をおこなっています。

　次の10年、クラファンはどのように進化していくのでしょうか。
　これまで通り「これからの人をゼロ→100にしてしまう装置」であり続けるのか、あるいは厳しい世論にさらされ品行方正を求められた結果、世界を変えるような面白い商品やサービスは登場しなくなり、クラファンは実質形骸化していくのか。
　私も注視して、次の10年を見ていきたいと考えています。

　最後に、この本は、私ひとりの力では到底書き切ることはできませんでした。
　まずは「クラファン物販」というコンセプトに共感を示してくださった、扶桑社の詠さん、ライターの布施さん。筆がなかなか進まない私に対して忍耐強く対応していただき、感謝の気持ちでいっぱいです。お二人がいなければこの本は日の目を見ることがなかったでしょう。
　2020年に新型コロナウイルスが流行し、世界が闇に覆われていく中で「オンラインで完結する貿易ビジネスを作る」という命題に全力で応えて

くれた、10年来のビジネスパートナー、林一馬さん。

　ひとり貿易塾を立ち上げる、ずっと前から講師としてジョインしてくれてきたマツイシンジさん、木田澄果さん。

　ひとり貿易塾の記念すべき1期生として入塾され、誰よりも塾を引っ張ってくれた貿易家応援団の内海勉さん、小林充さん、そして木内美穂さん、武智翔太郎さん、佐多愛美さん。

　売れる販売ページを研究し続けて、今や日本一の実績を誇る山本竜太郎さん。

　ドイツ腕時計WALDHOFFプロジェクトを毎回最高レベルで演出してくださっているプロデューサーの高橋秀仁さん。

　クラファンマーケティングを作り上げてくれたLyRicの高知利香さん・森下あゆみさん。

　事務局として生徒さんがスムーズに活動できるように、私の突飛なアイデアをひとまとめに整理してくれている弊社スタッフの梁川智弘さん、大塚小百合さん。

　YouTubeではいつも元気な姿を見せてくれる亀井貴暁さん。

　弊社メディア「セカワク」の島田亜由美さん、花岡真弓さん、大浦沙織さん。

　生徒さんの一般販売で、全国有名店舗への販路拡大に多大なサポートをしてくださっている株式会社ハヌの神戸信之さん、株式会社LIMONの田中克成さん、黒崎洋志さん。

　中国支社（China Agent）で、中国との架け橋を繋いでくれている范暁飞さん、葉超能さん。

　東京インターナショナル・ギフトショーのクラウドファンディングラウンジを仕切ってくれている梶慧さん。

　バンドマン時代から現在の貿易会社まで、ずっと支え続けてきてくれた株式会社カルペディエムの小浜早苗さん。他、社員アルバイトのみなさん。

そして、クラウドファンディングの可能性と大きな夢を見せてくださった Makuake 様、CAMPFIRE 様、GREEN FUNDING 様、Machi-ya 様。

　最後に、数多くのひとり貿易塾の生徒さん、クライアント様。
　私を信じて参加してくれて、まだ見ぬ未来におびえながら一歩一歩と進んで夢を実現させていく真摯な姿に、とても勇気づけられました。

　私には夢がある。それは、貿易家という働き方・生き方が、いつか子どもたちにとって憧れの職業になり、自分の殻を破って世界とつながり自己表現をして、世の中を豊かにしていく、そんな文化を作りたい。

　この本が多くの方の人生を切り開いていく一助になれば、著者としてそれ以上の喜びはありません。
　あなたの一歩が、新たな世界への扉を開く鍵となることを信じて。これから始まる旅路に、心からの幸運をお祈りします。

　世界のどこかでまた会おう！　ありがとうございました。

2023年11月上旬　沖縄 古宇利島にて

参考ページ一覧

■ 売れる販売ページの構成パターン

【ドイツの本格派トゥールビヨン第3弾】秀逸な造形美。機械式
腕時計を至高のアートに

https://www.makuake.com/project/waldhoff-japan-03/

■ YouTubeで学ぶ！　シリーズの動画

1）クラファンを徹底比較　Makuake / CAMPFIRE / GREEN
FUNDING

https://youtu.be/YVfvQ13w2wA

2）新しい輸入貿易「ひとり貿易家」がわかる5つのポイント

https://youtu.be/oDybZkFV-f0?si=dFGCbGdWHfuPhsvJ

3）クラファンで売れる商品ジャンルは？

https://youtu.be/COz5AwFJA94?si=A1cA5X5h0Pfzvmmd

4）1000万円売り上げた貿易家たちを一挙紹介！

https://youtu.be/PsvCymEHyPY?si=psNLy2IVpILzDTRX

5）実録！　クラファンで売れる商品リサーチ方法を解説

https://youtu.be/G8v9Fsh_3P0?si=s7ykfi ksDc0cRQMQ

6）総代理とOEMの違い。どっちがオススメ？

https://youtu.be/7yB2XoYPEG0?si=Z3prgmKn9CdkmeQc

7）独占販売権を獲得する交渉テクニック

https://youtu.be/KFo_Arw1FuY?si=B46_DUI69VDUOEN5

8) 輸入に必要な契約書と落とし穴
https://youtu.be/GGdWCYGtlm8?si=AOY7OjpMmYpBlcUO

9) みんなが悩む輸入法規制について徹底解説
https://youtu.be/LJU-g41sPzQ?si=9jIS4H0SzpHi1sLU

10) Makuake担当者と対談！　多くの方に応援されるページ
の作り方
https://youtu.be/8oOM-ix2I0w?si=I4HlJps4NgrfC7Fw

11) クラファン物販マーケティング徹底解説！
https://youtu.be/43eRI-MWs0c?si=QkRJKKRb_nAR5Kly

12) ギフトショー2023年春！ 現地から盛り上がりをライブ
配信
https://www.youtube.com/live/o75_UXrW0cw?si=n1
L0Q1MGMW8w-bHV

■ 番外編 メディアで学ぶ！

13) ギフトショー2023春！ 貿易家たちのストーリーをご紹介
https://seka-waku.com/4208/

14) 海外メーカーから日本の貿易家たちに期待すること
https://youtu.be/OxYf4caUDy0?si=tx6ZMbHLy89Ylyk4

15) ひとり貿易貿易家たち - YouTubeインタビュー -
https://www.youtube.com/playlist?list=PL71ZMIihPmUTD
euFk7FXE6IK971zCHJmz

1日1000万円売り上げるための
読者様限定10大特典プレゼント！

　本書籍をご購入いただいた読者様へ感謝を込めて、クラファン物販でより結果を出していただけるように特典をご用意しました。特設ページよりダウンロードして入手してください。

https://yubi-ken.com/textbook_tokuten

<内容>
1) ChatGPTでコーポレートサイトを20分で作る
2) ChatGPT海外メーカー交渉文プロンプト
3) メーカー交渉管理表
4) 赤字にならない利益計算表
5) 契約書テンプレート集
6) 輸入法規制攻略マニュアル
7) 売れる販売ページ17の構成チェック表
8) プレローンチ文章テンプレート集
9) プレスリリース文章テンプレート集
10) 書籍で登場した全サイトリンク集

■ 著者のクラファン物販サポート

　ネット完結×海外展示会攻略のハイブリッド貿易実践塾「ひとり貿易塾」や毎日最新情報が手に入るコミュニティなど、著者が手がけるクラファン物販サポート情報はこちら！

https://yubi-ken.com/textbook_service

※上記プレゼントの提供は予告なく終了となる場合があります。あらかじめご了承ください。

大竹秀明

クラファン物販の第一人者。ひとり貿易塾主催。資金力や語学力がない初心者でもクラウドファンディングを活用した貿易物販ビジネスが構築できる「ひとり貿易」を生み出す。累計プロデュース実績22億円/800件以上。その実績が評価され、2019年Makuakeベストパートナー賞を受賞。他クラウドファンディングプラットフォームのパートナーも務める。ひとり貿易コンサルタントとして10年間で1万人以上に講演指導を行い、日本郵便やYahoo! JAPAN、東京インターナショナルギフトショー、東京都中小企業振興公社などでも講演。「セカイをワクワクさせる貿易家を生み出す!」を理念として精力的に活動中。

著書に『Amazon 個人輸入はじめる&儲ける超実践テク104』『クラウドファンディングで資金調達に成功するコレだけ! 技』(ともに技術評論社)、『資金ゼロではじめる輸入ビジネス3.0』(フォレスト出版)がある。

元ビジュアル系メジャーギタリスト(EMIミュージックジャパン)という異色のキャリアを持つ。

編集　詠祐真(扶桑社)
構成　布施ゆき
カバーデザイン　井関ななえ(株式会社 EmEnikE)
DTP制作　株式会社Sun Fuerza
イラストレーション　本田しずまる

1日で1000万円売り上げる
クラファン物販の教科書

発行日　2023年12月16日　初版第1刷発行

著者 ……………………… 大竹 秀明
発行者 …………………… 小池 英彦
発行所 …………………… 株式会社 扶桑社
　　　　　　　　　　　　〒105-8070 東京都港区芝浦1-1-1 浜松町ビルディング
　　　　　　　　　　　　電話:03-6368-8875(編集)
　　　　　　　　　　　　　　　03-6368-8891(郵便室)
　　　　　　　　　　　　www.fusosha.co.jp

印刷・製本 ……………… タイヘイ株式会社印刷事業部